地方创生：

街区商业活力再生的 10 项铁则

[日] 木下齐 著

朱轶伦 金 静 译

上海科学技术出版社

图书在版编目（CIP）数据

地方创生：街区商业活力再生的10项铁则 /（日）木下齐著；朱轶伦，金静译. -- 上海：上海科学技术出版社，2021.10
ISBN 978-7-5478-5385-6

Ⅰ. ①地… Ⅱ. ①木… ②朱… ③金… Ⅲ. ①社区管理－研究 Ⅳ. ①C916.2

中国版本图书馆CIP数据核字（2021）第172830号

Kasegumachi ga Chihou wo Kaeru Daremo Iwanakatta 10notessoku
Copyright © 2015 Kinoshita Hitoshi
All rights reserved.
First original Japanese edition published by NHK Publishing, Inc.
Chinese (in simplified character only) translation rights arranged with NHK Publishing, Inc.
through CREEK & RIVER Co., Ltd. and CREEK & RIVER SHANGHAI Co., Ltd.

上海市版权局著作权合同登记号 图字：09-2020-894 号

地方创生：街区商业活力再生的 10 项铁则

［日］木下齐 著

朱轶伦 金 静 译

上海世纪出版（集团）有限公司
上海 科 学 技 术 出 版 社 出版、发行
（上海钦州南路71号 邮政编码200235 www.sstp.cn）
浙江新华印刷技术有限公司印刷
开本 787 × 1092 1/32 印张 5.375
字数 150 千字
2021 年 10 月第 1 版 2021 年 10 月第 1 次印刷
ISBN 978-7-5478-5385-6/TU·311
定价：48.00 元

本书如有缺页、错装或坏损等严重质量问题，
请向工厂联系调换

致中国的读者们

日本在地方创生上跨越半个世纪的努力

日本地方创生政策的起源可以追溯到 20 世纪 60 年代。在日本,城市地区的经济发展往往和农村、山村、渔村地区一起被提及,并以故乡创生、地区振兴、中心城镇活性化、地方创生等多种政策作为应对方式推进。

经济高度增长的成功和城乡差距

二战后在日本,大量人口从农村、山村、渔村地区向以东京、大阪、名古屋等为中心的近太平洋一侧地区移动,成为廉价的工厂劳动者,使得日本作为世界工厂,实现了经济发展的飞跃。然而从另一方面来看,虽然这些城市地区在二战后迅速实现复兴,在经济上也享受到了红利,但是其他地方的年轻人却逐渐减少,城乡间的经济差距成为了一个大问题。

于是从 20 世纪 60 年代开始,日本制订了将集中在近太平洋一侧的工厂分散到日本全国的法律,也拿出了大额预算用作支撑。甚至在进入 20 世纪 70 年代后,当时的首相田中角荣主导推出"日本列岛改造计划"。这是一个相当大的计划，需要在全国建造新干线和机场，把集中在城市地区的功能分散到日本全国。

20世纪60年代，日本的人口尚在增长，实质上的经济增长率在20世纪60年代前半期达到了9.2%，后半期达到了11.1%的高水平，日本的财政也因之受惠。即便进入20世纪70年代和80年代后，经济的年增长率也依然保持了4%～5%，财政规模也在持续扩大，对地方的支持也在继续扩大。最终城乡的收入差距通过税收控制，在20世纪70—80年代实现了所谓"一亿总中流"（译者注：一亿人基本实现中产），大多数日本人都处于中产阶级水平的、相对没有差距的社会。

而另一方面，针对故乡创生政策，日本曾经采取过一种支持政策，即各级地方政府（市、町、村等）均可以从国家财政领到1亿日元作为启动振兴事业的资金。然而领到钱的地方政府却用这1亿日元的预算建造了澡堂等设施，每年更是要在当地支付1亿日元的维护费。这样无法盈利的业务随处可见，浪费税金的行为也遭到了舆论批评。

根据财政支出，地方上的公共事业和公务员工资等也能得到提升，这样城乡收入差距的矫正也能取得一定的成果。田中角荣所说的"日本列岛改造计划"也是短期内在地方开展土木事业提高收入，中长期以东京为中心建造基建网络，结果渐渐提高了东京的集中度。

最终在日本，产业向东京等城市地区集中的趋势没有改变，地方越来越难以创造产业，人口持续减少，虽然当时的政府依然在为地方制定政策，但是却没有什么成果。在这样的背景下就有日本独有的财政均衡化政策的问题。

地方的问题是一味想着要钱，而不是赚钱

原本日本采取"地方交付税交付金"税收制度，从盈利的地区向不能盈利的地区分配资金，旨在通过税收控制地区差距。简而言之，在这种机制下，亏损的地方政府可以从国家财政拿到与亏损额相应程度的预算。现在用于矫正地区差距的预算一年有1.6万亿日元左右，此外还有其他各种预算分配给地方，尽管如此，日本的地方产业仍发展不起来。

乍一看，通过税收控制地区差距的预算制度也还不错，但是也有副作用——相较于在当地创造产业，地方政府更加执着于到底能从国家那里拿到多少预算。虽然二战前日本全国各地都涌现出了产业城市，但是这样的动向在二战后就完全没有了。民间部门也是如此，像土木工程建设这种能从国家财政拿到预算的公共事业有所增加，而自主的地区经济却越发难以发展了。

眼前控制地区差距的税收制度虽说非常有效果，但是从反面看，由于高度依赖国家预算导致无法自主思考地方的发展，越发加速了地方的衰退，这就是日本地方问题的背景。

采取扩大内需政策，向东京总部企业输送利润的系统

进入20世纪80年代后，日美经济矛盾激化，日本向美国承诺扩大内需。在广场协议导致日元升值的背景下，急速腾飞起来的资产泡沫破裂了，日本经济也从20世纪90年代开始一下子进入了低迷期。然而，20世纪80年代所承诺的扩大内需和支持经济衰退地区公共事业的预算不断投入到地方上，这也是和地方振兴名目结合在一起开展的。

同时因日美结构性摩擦而商定的《大型零售商店法》也一下子放宽了对于大型店铺开设的规定，日本国内外大规模资本都可以在地方上自由开设店铺了。

这两件事同时发生，一下子改变了地方上的经济结构。

基于国家给予的预算，地方上建设了一条条气派的道路，而由东京资本控制的连锁店铺沿路"野蛮生长"，这导致了地方上的当地商店街在竞争中落败关门，大部分地方消费的营收都集中到连锁店铺的东京总部。

连锁店铺位于东京的总公司收取的费用现在达到了每年27万亿日元。最终在地方上无论买什么东西都是向东京资本公司购买，地方上只留下了兼职之类的低时薪工作，变成了一种无法给地方带来发展的机制。

日本当今课题——经济增长放缓，代际差距拉开

从 20 世纪 60 年代开始的致力于地方振兴的政策在短期内取得了一定的成果，但却没有在地方上实现多样化的发展，也没能实现自主的差距矫正。

如今日本的经济增长已经放缓，而经历了 20 世纪 60—80 年代经济高速增长的老一辈和仍在工作的年轻人之间就产生了严重的经济差距，导致年轻人对于结婚生子态度消极，日本的出生率也持续下降。地方上曾有过的人口减少的暗流也终于到了波及城市地区的阶段。

为了改变这样的状况，2014 年面向地方的全新政策——"地方创生"政策就启动了。这项政策旨在将人口从城市地区转移到地方上，以地方振兴和改善日本的出生率为目标。国家拨款数千亿日元来支持地方政府，但没有得到期望的结果，到 2019 年实质上政府也放弃了"地方创生"中增加地方人口之类的目标。

工业发展、人口减少、城乡差距是全球共通的问题

欧洲各国从二战前依靠工业发展并繁荣的同时，城乡的差距也拉大了，并且其后竞争力也被当时的新兴国家美国及亚洲各国赶超。就算是美国，在工业竞争中也于二战后被日本追上，在一些城市中出现了产业空心化导致的人口减少，而不得不采取城市发展管理政策。即便如此，随着移民政策

出台，美国和欧洲各国还是持续实现了人口增长。20世纪90年代之后，在东亚，中国、韩国经济实现了显著的腾飞，日本也经历了产业衰退，人口减少也进一步加速。尤其是少子老龄化引发的社会保障问题亟待解决，人口负债时期的可持续发展应该何去何从也尚在摸索中。本书中记述的"创收的街区"正是适合处于这样的衰退期中的地区发展的基本姿态。

此外，从今往后人口红利地区也会从东亚向东南亚、中亚等地移动，产业中心也会持续转移。在中国，曾经在世界各国都发生过的少子化问题也已经开始了，今后应对这一问题的地区政策想必也会变得更为重要吧。同时从欧洲地方城市的繁荣可以看出，与工业化取得的成功对应，别的方向上取得的产业评价也是行之有效的，而且日本国内各地方的努力实际上也逐渐在低技术的农林水产领域创造出了竞争力。

本书所述的以国家为前提的人口和产业的剧烈变化，以及各个地区的加速衰退是发展中地区无一例外的必经之路。我认为正是因为中国的地方振兴和地方创生领域也到了迈入新的成熟期的时机，所以可以从其他国家的成败中汲取经验，探索出少子化时代中每个地区独特的、与城市不一样的发展方式。

做出大的改变不容易，各种小的努力却此起彼伏

以国家为单位大幅度改善城市和地方问题的尝试不是那么简单的。不过另一方面，地方上通过自己的力量开展地区

项目并且取得成果的案例，也在日本各地陆续出现了。

我从1998年开始在地方工作，实际上从事这一行已经有20余年。1998年，当我还是高一学生的时候，关心社区营造和乡村振兴的年轻人在日本还是相当罕见的。然而如今，很多东京都内的大学生对乡村振兴表示关切，甚至在各大高校里乡村振兴、社区营造也都成为了热门课程。而且，在地方上也诞生了新的蓝纹奶酪品牌、开出了新的葡萄酒酒庄，在海外受过培训的厨师们开始在农村打造属于自己的餐厅并获得米其林星级评定。

地方上缺乏有魅力的商品和服务的时代已经结束了，反而活用地方风土的农林水产业、餐饮业、住宿业等蓬勃发展，人口少却依然能创收从而生存下来的地区正崭露头角。

放眼欧洲，法国等国家也一直为人口减少的问题所困扰，徒留早已丧失了工业上的产业优势的领域。然而与此同时，在日本和法国的国际贸易中却是以日本陷入亏损而法国盈利的情况居多，那是因为日本要从法国进口服装、红酒和奶酪等。能够盈利的不只是城市地区的工业制品，低技术领域同样也可以大量盈利。此外，在法国个人平均收入很高的地区之一就是有2.3万人的农业城市埃佩尔奈（Épernay）。这个城市是香槟酒的生产中心，集聚了大量香槟品牌的总公司。香槟是起泡酒的一种，是一种农业加工产品，所以当地基本上都是农田。但因为它在全球市场拥有6 400亿日元的规模，作为生产中心的该市尽管人口稀少却依然盈利颇丰。

在意大利，也是从 20 世纪 80 年代开始，以意大利南部为中心，慢食风潮开始流行，人们不再前往城市中心地区的一流餐厅，反而享受在地方郊外用餐，能吃到当地特产的餐厅也变得热门起来。

在西班牙巴斯克地区的圣塞巴斯蒂安，因为人均米其林星级餐厅数量达到世界最多而吸引了全世界的人们前来。圣塞巴斯蒂安只是个人口 15 万左右的地方城市，交通也不算方便，尽管如此还是有人奔着特色餐厅纷纷到访。并且多数圣塞巴斯蒂安的星级餐厅不在城市中心地区，而是在牧场边或者悬崖上这种郊外地区，以新颖的烹饪技术来料理当地食材成为这些餐厅的宗旨。

历经半个世纪，日本的地方如今也迎来了更适合自己的全新存在方式，那就是"创收的街区"。地方也终于意识到应该迈向新的成熟期，不再依靠国家支援，而是看重由民间发起、充分活用本土的力量来创收的方式，这是由民间发起的新行动。

我从高中开始投身社区营造，却始终不太顺利且时常陷入苦斗之中，与此同时我也亲身体会到"创收的街区"的重要性。这本书就是基于这些体会，以及我在这个过程中学习归纳出来的、对于自主开展地方创生活动所必需的 10 项铁则写就的。

我认为重中之重在于要能灵活运用地区资源，创造出全新的盈利机会，并摆脱以政府补贴为目标的想法。同时地方的多样化发展也是促使国家整体愈加繁荣的关键。

我由衷地期待本书的内容能够为中国的地方振兴和社区营造事业带来一些启发,也真诚地期待着我们能够共同为中国各地的地方创生做出更具体的努力的那一天。

木下齐

2021 年 7 月

前　言

在这本书中，我把从高中一年级开始十七年间经历的与"社区营造"相关活动的实际经验，以及基于这些实际体验而发的"创收的教训"真情实感一同汇总成此书。

激发地区活力的活动本身是很公共的事业，并不是政府垄断的专属行为。灵活运用有限的资源开展事业也是民间力量所擅长的领域。我们认为正是那个"走上坡路"的时代悄然离去，以民间力量为核心的地区振兴才更有必要，更好地投入到各种各样的事业中。

每当我在某个地方开展事业的时候，都以"将街区作为一个公司来经营"作为基本原则。

融资、投资、回收、获利，以此为启动资本再投入新的事业中，对街区经营而言贯彻这个循环是至关重要的。

行政机关也是如此。只要开通道路并平整周边土地，自会有人买入已经平整好的土地以建造住宅和店铺等，然后就可以对土地和建筑物征收固定资产税，对居住在此的人征收居民税和所得税。如果谁都不来使用土地、不建造任何东西，那地方政府将一直处于亏损状态。

政府也须意识到经营问题,在人口减少的同时要如何切实开展事业,更具体地说,是必须要思考如何相比过去进一步提升街区的利润率。墨守成规就会减少收入,公共服务的质和量也会降低。然而若将街区当作一个公司来经营,收入若是增加就可以进一步改善公共服务。

总而言之,要将街区作为一个公司来看待,定要带着"创收"的意识投入到行动中,民间力量自是不用说,政府也当包含在内。

本书从"经营街区"的视角出发,针对实践者在各地必然碰壁的难点和其回避方法,整理出了10项铁则。

这10项铁则是从我自身难堪的失败史中引申而出的。具体内容会在正文中详细表述,即在我被提拔到了"高中生社长",但毕竟尚处在能力不足的学生时代时,经营全国商店街共同出资成立的公司的经验为我留下了种种学习成果。其后又和朋友在日本全国各地创办街区公司,其间也是挫折不断。这本书是由我每天投入身家财产在反复试错改良中学习到的经验和建立起的策略总结而成。

所以书中没有什么漂亮话,而是以非常直白的表达方式进行总结。省去了反复考量、左右顾虑和表面功夫,单刀直入正面论述人们所说的"难言之隐"。在地区振兴这个领域中,有很多人为了保护自己的立场会做表面功夫、讲漂亮故事,或者是为了不生嫌隙,顾虑重重、谨慎发言,结果往往完全没有说清楚自己究竟想要做什么。

然而在地方上开展活动时，拘泥于这种表面功夫是没法取得进展的。即便是有悖于自己的立场，做错了就该变更计划；即便是与人心生嫌隙，该做的事情还是不能放弃。优先考量的应当是项目整体能取得的成果，而不是个人的得失。

绝对不会有"选择这项事业就一定能成功"如此轻松的选项。

不过在地方上开展事业时不能做的事情还是很明确的。

虽然书中的内容简单，但一定不能掉以轻心，不要视为理所当然，而要在开展活动时倍加注意，否则便会很快自取灭亡。

地方衰退问题是日本社会的缩影。即便不打算投身地区振兴事业的人士，也请务必结合自身所处的社会环境阅读本书。

时代已经改变了。在人口数量、经济和财政从持续增长转变为减少的社会中，如果国家的财政支援需要分散到各个地方上，那么国家就要崩溃了。

然而从前所未有的"经营街区"的视角来看，地方上仍旧充满着商机。地方上形形色色的街区要如何创建特色的系统来实现永续发展呢？这样一个世上绝无仅有、激动人心的时代正降临在日本。

这个关键词就是"创收"。

"创收"的街区会改变一个地方。如果您能从中知晓正在开始变化的现实，感受到蕴藏在未来的可能性，我也将不胜荣幸。

目 录

序章　学生社长 忙到秃头

挫败的初次创业	2
早稻田商店会的"快乐攒钱环保运动"	4
把政府拉进来	7
利用网络支撑商店会的幕后工作	9
名为补贴的"毒品"不断摧毁城镇	12
设立"商店街网络株式会社"	14
乏力又脱毛的日子	17
惨痛的教训	18
社会的常识却是社区营造的反常识	20

第一章　一起在街区创造"利润"吧

从美国学来的"自立型"社区营造	24
自己提升资产价值	24

监护人亲手建造了小学的校园	27
在研究生院结合理论与实践	30
从经营角度再看社区营造	31

重返"实践"世界 … 32
首先从"削减预算"开始	32
租户和不动产分别考虑	34
让对手先赚三回	35
去熊本！着眼垃圾问题	36
捆绑在一起以降低开销、提升品质	38

贯彻"三分之一原则" … 40
"问候"的真正原因	42
竞争哪里不好了	44
系统比魅力更重要	46

"街区公司"的客户是谁 … 47
明确事业目的和目标	47
不动产业主提升街区价值	49
主人翁意识是一切的关键	51

第二章　地方创生成功的10项铁则

社区营造事业的"发展投资团队" … 54

决心比金钱更为重要 … 56

你愿意为当地掏腰包吗	57
没落街区的"辩解模板"	59
铁则① 从小处着手	**62**
一家店铺就能改变街区	62
缩小目标范围	65
集结多家个性商店	66
铁则② 切莫指望补贴	**68**
依赖补贴的恶性循环	68
"吉祥物=地区振兴"的错误理解	70
为了避免悲剧应该怎么做	71
铁则③ 寻找"同舟共济"的伙伴	**73**
初始伙伴两三人足矣	73
"投名状"到底能不能把人团结起来	75
铁则④ 不需要"所有人同意"	**78**
不要在"同意"之后才行动	78
做出决定的是经营者自身	80
不能让赞同者搭上"便车"	81
铁则⑤ 通过"前置营业"确保可靠的盈利	**83**
寻找对于街区未来至关重要的租户	83
建立再投资的循环	85
铁则⑥ 坚持"利润率"	**87**

削减经费增加利润	87
提升整个街区的利润率	89
设备投资类型也注重利润率而不是规模	90
集聚高毛利的业务形式	92

铁则⑦ 不要让"收益"流失 93
为什么全国连锁店不可行 93
在当地筹集资金 94
重新审视生协组织和信用合作社的起源 96

铁则⑧ "撤退线"应当在最初确定 97
每三个月检查一次业务 97
预先设定撤出规则 98
绝对禁止"一举反败为胜"的心态 99

铁则⑨ 一开始不要雇佣专职员工 102
大部分工作可以由兼职员工完成 102
重新审视"工作方式" 104

铁则⑩ 有关"钱"的规则要严格 106
早期避免从"不特定多数人"处集资 106
明确报酬的分配规则 108

第三章 自立之"民"能改变街区

使基础设施由"花钱"变为"赚钱" 112

不向政府要钱，而是向政府"付钱" 112
　　向公共土地注入民间资本和智慧 114
　　在没有政府初期投资的情况下建设公共设施 117
　　形成兼具市场性和公共性的设施 119
　　通过民间开发优化规模 119
　　运用优势的"针孔营销" 122
　　无论规模如何变化，基本原理都一样 124

政府和民间有紧张感的协作 125
　　小小的努力将改变制度 125
　　各地活用公共土地的举措 128
　　自立的民间力量由政府来支持 129

由民间主导来改变街区 131
　　从市民"参与"到市民"执行" 131
　　来创造"僵尸企业"的替代方案吧 132
　　从"指定管理"到"民间经营" 134
　　民间的经营能力创造了产业和就业机会 136
　　由实践者自己来传播智慧 138

附录　改变街区的10项决心 141
后记 145

学生社长 忙到秃头

挫败的初次创业

"还钱!"

"用咱能听懂的话讲讲你现在到底在做什么!"

"都是你小子的责任!"

"一定要让你在这个世界上再也吃不开!"

——记某次合资公司的股东大会。原本讨论还紧抓着论点,不知什么时候就变成了针锋相对。这些声音的主人是日本全国各地的商店店主们。矛头所指的正是商店店主们出资共同设立的合资公司的社长——当时还是大学四年级学生的我。

高三的时候蒙日本全国商店街的各位出资成立了"商店街网络株式会社",从那之后已经过了四年。最初的两年间股东大会还算四平八稳,进入第三年后就开始变样了。

由于未按原本的业务计划产生利润因而放弃了现有的业务。于是我着手开始做一项新的业务,终于在第四年取得了一年内盈利的成绩。我志气高昂地出席了股东大会,但是一部分股东对我无视他们开展自己的业务的不满情绪也爆发了出来:"这跟你一开始说的不一样啊。"另一方面因为我终于开始有业绩了,也想要集中精力到自己想要做的业务上去。

这一番曲折也就是开篇第一句话的来由了。

最终我也疲于应战,在那一年辞任了社长的职务,可以说是年轻气盛至极了。尽管如此,那种话大叔大伯们也真是能说得出啊。当然了,经营者既不小了也还没老,这是没办法的事情,尽管在这样的时候,我也没有深刻感受到合资推行业务有多难。

那为什么我作为一个学生却经营着商店街的合资公司呢?

最初我只是商店街某位店主的儿子,尚未对社区营造或者地区振兴有什么兴趣。东京都板桥区养育了我,而我对外地和商店街都不甚了解,老实说甚至一点兴趣都没有。不过在中学时代我就想着要在学校外能够参加活动,于是也没参加大学入学考试,就去了据说校风自由的早稻田大学高等学院学习。我想的就是在同龄人为考试学得两眼通红的时候能做点只有自己可以做的事情。学校里取得成绩毕竟也只是学校老师的评价。而我比谁都更渴望在现实世界中取得成果。

小学六年级时发生了阪神大地震、地铁沙林毒气事件等,中学二年级的时候同龄男孩实施的神户儿童杀人事件,令人震惊的事情接连发生,电视上各种评论层出不穷,却没有一个说到点子上的。我就产生了一种危机感,感觉到以往的常识已经没用了,成年人的思考方式靠不住,不能继续缩在学校里。

高一的秋天我就想着要到学校外面去参加点什么活动,

偶尔读到了当时流行的"五体不满足",作者乙武洋匡先生(当时是早稻田大学的学生)正在给早稻田商店会的活动打下手,我就留了一个心眼,也想参与进去。在读完书的当夜,我就到早稻田商店会的主页上搜索了一番,这就发现上面写着"现要设立学生部门,正在召集部门成员",并且还写着"高中生也可参加",于是我立刻发送了邮件报名。

这就是一切的开始了。

在我咨询商店会的时候,恰巧乙武先生因为工作忙碌的缘故无暇在商店街帮忙。"如果你在附属高等学校上学的话那正好有7年的空闲时间呀(笑)",商店会会长安井润一郎先生这么跟我说,于是乙武先生曾经担任的早稻田商店会事务所的工作就落到了我的头上。

顺便说一下,当时除我以外没有其他人报名。如今越来越多的学生对"商店街振兴"和"地区振兴"等兴趣盎然,但这些在当时却没有什么关注度。最后原本就参加早稻田商店会活动的三名大学生加上我一个高中生,一共四个人组成了学生部门,活动也就此展开了。

早稻田商店会的"快乐攒钱环保运动"

学生的街区,早稻田按区域划分有各自的商店街。我帮忙的是当时6条商店街之中的一条,有40~50个店铺参加的"早稻田商店会"。

当时日本全国各地的商店街处境不佳，其中早稻田商店街更是萧条得"出类拔萃"。一年预算只有60万日元，自然也雇不起专职员工。活动仅靠自己是办不起来的，因此就需要把学生、企业和政府等都拉进来，利用好早稻田的街区资源不断努力从外界招揽项目来做。

我自己想过很多想要尝试的东西，这种开放的环境对我来说是最合适的，于是我很快就沉浸到了商店会的事务里。活动没有因为我是个高中生受到什么限制，也没什么被差来遣去的事情。参加会议也是堂堂正正的，可以自由发表意见。每天都有不同地区、公司和政府机关的人来造访，令人非常愉快。放学后立刻乘车前往事务所就成了我的日常。

此外，早稻田商店会在我参加的时候已经取得了全国性的成果。在我参加两年之前的1996年，东京都依据条例实行业务类垃圾处理收费化，以此为契机，商店会在夏季自主开展了以环保为切入点，以"环保夏日节"为名的商店街振兴活动。也就是说商店街开展了环保活动，就当时来说是非常划时代的举措，也获得了很大的成功。

这已经是20年前的事情了，详情就略过不提，不过业务类垃圾的收费化是以贯彻垃圾分类为目标的。业务类垃圾收费化之后，像以往那样垃圾不分类全都一起倒的话，商店的负担就会增大；有了分类后，资源垃圾回收之后垃圾的量就会减少，负担也会相应轻一些。通过这种方式，环保夏日节也就顺势举办了。

他们与早稻田大学合作，邀请了许多环保机器制造商开设专门的摊位，一般的活动都是主张大家把垃圾带回去，而他们则是招呼大家"请把街区里的垃圾都带过来"。在参加者中他们还会抽选一个一等奖，奖品是夏威夷旅行。因为有"拾起空罐就能去夏威夷"的口号，早稻田街上的空罐一瞬间就全消失了。像这样"不可思议的活动"在社会上也受到广泛关注。

环保机器制造商也将其作为运用实例在销售中用于宣传，对于大学放暑假后客流量骤减的商店街来说也是一个吸引当地客流的机会。来访的当地游客也很愉快。单纯策划活动的商店会在日本全国不少见，但是根据条例修改着眼于"环保"，融合了社会实验并且发展成为商业活动的还没有过。早稻田商店街努力实现了"快乐攒钱环保活动"，这对于推行环保活动的人来说也非常新鲜。

此外当时受到高度评价的是环保这个有利于公共利益的主题，虽然也是地区振兴的一部分，但是不依赖国家和地方政府的补贴，最后也没有额外投入资金，是靠企业合作赞助和手头现有的资金办起来的。商店会会长曾笑着说"能拿到的东西还是想拿的，但是商店街过于弱小所以什么都拿不到啊"，这种自立的态度我现在也觉得非常重要。

把政府拉进来

仅仅因为缺乏资金，环保夏日节的开展就遇上了各种各样的麻烦。他们最初设想作为活动会场的是早稻田大学校园的一部分，提交了申请想问能不能免费出租，早稻田大学给出了"使用费能够支付的话就可以用哦"的回复。这种事情傻子也能想明白，哪有什么完全开放的大学啊。实际上在早稻田大学超过125年的历史中，向地方商店街免费开放校园开展活动是尚无先例的。

被大学拒绝之后，会长们首先到新宿区政府去做沟通。对于一直都是产生垃圾的商店街的人突然提起了"环保"相关的话题这一事，商业振兴部门的人们也感到了惊讶，然而在听取说明的过程中也明白了对方是认真的。当时担任环保回收部门部长的楠见惠子女士对他们说"我们会全力配合的"。

即使是现在地方上和商店会的人造访政府机关大致都是说"给我们一些补贴吧"之类。但是早稻田商店会会长说的就不一样，像是"我们希望得到更多环保活动相关的知识，希望你们可以介绍一些愿意配合这样的活动的企业"等期望，这样对方也会愉悦地接受。

通过这种方式，他们也去了东京都政府、日本通产省

（现在的日本经济产业省）商议，甚至还获得了提倡零排放（创建无垃圾排放社会）的联合国大学的协助。

就这样，没有预算和人力资源的弱小商店街所想出来的环保社区营造活动，渐渐就把区、都、国和联合国大学这样大规模的组织都给拉了进来。

至此他们就有了一个很大的圈子，在这个基础上再和早稻田大学做交涉，这次学校爽快地回复"可以免费使用场地，我们还可以出租帐篷，电费也由学校方面承担"。

还是高中生的我听说了这个故事后就商店会会长们的交涉方式感慨"原来成年人的世界是这样的啊"。

最终活动有超过万人造访，活动情况被NHK等电视台在日本全国播放，并且作为社会实验获得了环境领域人士的高度评价。由于活动的成功，本来应该只办一年的活动在次年和第三年再次举办了。项目最初只是由早稻田大学周边的某个小型商店街开展的，第二年开始变成了早稻田大学周边商店街联合会的项目，现在更是以"地球感谢祭"为名持续举办。从小处着手逐渐壮大，是我至今都坚持的思考方式。

尽管如此，相关人士也提出了严厉的问题：一年内仅举行为期两天的活动是否真的对商店街起到振兴作用？是否真的可以称之为环保活动？因此商店会决定针对"环保"议题采用更为持之以恒的行动。

随之从1998年开始，他们向加盟店铺收取平台服务使用费，在空置店铺放置了"环保站"这种常设回收点。空罐和塑料瓶的回收机器也附加了游戏功能，"中奖"后还可以得到一点优惠。"中奖"的商品是商店街的各店各自提供的，中华料理店是"一份免费煎饺"，牙科医院则是"初诊免费"等，颇为独特。一般医院、牙科医院的治疗不可能在初诊的时候就全部结束，医院预计可以收取到第二、三次治疗的医疗费，因此就充分利用了环保活动来赢得新客户。

通过这种方法，早稻田商店会逐渐获得了关注。不依赖补贴，灵活运用了空置店铺，同时促进了商店街各店铺之间的合作，运用环保机器制造商的机器和器材，提高了人们对环保的意识，最终提升了商店街的销售额。正因为能够提升销售额，各店铺在这个体系下每个月都会支付三千日元的使用费。这种方式切实地践行了经济原理，在解决社会问题方面具有革新的意义。

我去商店会打下手正是在这种常态化活动开始之前。现在回想起来着实是个很好的时机。在那时如果读完了乙武先生的书没有立马咨询商店会的话，就绝对不会成就现在的我了。万事皆是"择日不如撞日""想到就做"为上佳。

利用网络支撑商店会的幕后工作

参加早稻田商店会的活动对我来说最大的收获在于人际网络。寻常的每日学校生活中，打交道的只有同学年的朋友和老师们。加入了当时备受瞩目的商店街后，就结识了诸如区、都等的政府职员和议员，日本通产省等的国家官僚和国会议员，更有从大企业到中小企业各种领域的企业经营者，还有大学教师等形形色色各行各业的人们，并有幸参与议论。在此期间学到的知识对于十多岁的我来说是前所未有的并具有刺激性的。而今三十有余，回顾过往，更觉其中价值良多。

早稻田商店会的举措在当时不仅限于环保，还涉及多个领域。比如东京大学地震研究室的团队和早稻田的小学合作的两天一夜的"防灾训练营"。当时在 NTT DOCOMO 的赞助下，开展了安全确认系统的实验等，走在了时代前列。

没有资金就奉献智慧，凭智慧行事就会有结果，这就是早稻田商店会一贯的口号。其他方面，在教育领域也有推进将教科书作为再生纸运用的运动，并取得了各种政策性的成果。

通过这样的不断努力，当时的早稻田商店会就给人留下了"不依赖补贴的、努力推进革新性地区事业的、少有的商店会"的固定印象。"在其他街区做不到的事情拿到早稻田来可能就行得通了"，很多学者和经营者抱有这样的想法，从各个行业带来各式各样的合作计划。因此修学旅行的学生也来了很多，更有许多从日本全国商店街来视察、参观、学习的人到访。1998—2000年的两年间，团体数量忽地就超过了600个。因为经常在媒体上亮相，业界给予了"商店街的暴露狂"这一有趣的称呼。

当时我主要负责所有使用电脑和网络开展的幕后工作，管理从每个项目的参加人员和地区的视察人员中选拔出来的人才能加入的会员制邮件列表，制作了各种资料和传单。项目相关的人员都有各自的本行工作，很难集中起来，所以要以在线的邮件列表和主页的方式来分享联系方式和信息。现在虽然已经不稀奇了，在20世纪90年代能够这么顺利使用网络来开展地区活动的团体是很罕见，也是一个前沿的IT运用案例了。

顺便提一句，"IT革命"被选为2000年日本的"流行语大奖"之一，由于某种原因，获奖者是我。这既不是我先提出的，也不是我让公司上市的，为什么颁奖给我呢？问了一下理由后，当时的评审委员会主席、已故的草柳大藏先生说"年轻人为了通过奋斗改变社会而采用了IT技术，配得上革命的名字"。记得最开始有获奖电话打来的时候我还感到疑惑，商店会的人们对我说"该属于你的东西就去拿回来"，我就作为商店街的代表去领了奖（图1）。

图1　早稻田商店会活动受到表彰

从构想开始付诸实施的商店街活动取得了很大的进展，甚至还获得了预期外的高度评价。人生真是难以预料，在一个地区做出的举措可以对环保、IT 等当时的前沿领域产生影响，我也因此自信倍增。

名为补贴的"毒品"不断摧毁城镇

此时本以为一帆风顺的商店会的活动也似处于薄暮下的阴云笼罩之中。

而这个导火索就是早稻田商店会被选为"中心市街地活性化法"（译者注：城区振兴法）指定的社会实验示范地区。正如其名，为了促成各个城市中心城区的振兴，政府会对指定的区域以补贴的方式提供支持——这就是巨大衰败的开端了。

如前所述，尽管预算很低，早稻田商店会至此为止的举措都是仅靠奉献智慧自力更生及企业的合作来运营的。正是因为"民间主导，政府参与"的口号及其独立性才受到高度评价，人们才聚集过来，这时却突然从国家这里拿到了上千万日元的补贴。严格来说，早稻田商店会是个社会团体，所以没法直接接受国家经费。此时东京商工会议所就介入进来，甚至因为早稻田商店会本身规模太小，就把神乐坂商店街打包一起，担负起示范作用。

这样一来，成员的思考方式就猛然发生了转变。先是出现了从未有过的"基于预算可以做什么"的讨论，而后就是由谁来负责执行该业务。原本早稻田商店会的行事风格简而言之是"谁想的谁来说，谁说的谁来做"，这种方式也急剧变化了。

此外在某些地方难看的争端也接连发生，出现了提出对自己的销售额有利的预算运用方法的人。最终这笔资金成为众矢之的，甚至还有不相关的"可疑"人物参与进来瓜分，形成了一个消极的利益链。

就因为有这样的行为发生，之前抱着善意来帮忙的人的士气也一落千丈。诸如"如果只是为了消化预算的话那我们不想帮忙""我们不是为了一部分人的销售额在奔走的"。特别是迄今为止在各地区主导各项举措的关键人物（抱有善意的志愿者和大学教师等），一个两个地逐渐离开了队伍。应该合理分配的商工会议所也只会一刀切地一味强调手续，完全起不到作用。就这样整个系统和信赖关系就摇摇欲坠了。

结果反而是在没有钱而大家贡献智慧的时候最为快乐。"没有钱能催生智慧，有了钱智慧就远走高飞了"，作为主事人的我就被困在了热锅里。国家的示范事业到底有什么值得期待的，我是完全没有想明白，就这样只留下了一份详尽的报告。

说起来难听，但补贴就像是毒品。本来都已经认真地存活下来了，被一击击中后就都变得诡异了。补贴根本就没有妥善使用的可能。正是因为目睹曾经如此自立自足的活动在一瞬间走向崩溃，所以我才能由衷地这么说。就算谁都没有恶意，但只要用钱来支持一下，对方就突然间被腐蚀了。并且曾将其推崇为"成功事例"的政府机关本身也在其没有利用价值后抽手离去，像是与自己无关一样说着"最近不怎么听到早稻田商店会的名字了呢"。世间冷酷如此。

这样的事例如今在日本全国遍地可寻。社区营造最终产生不了利润就没有意义，但这指的也是街区整体的利润，和从国家和地方政府那里获得一笔临时性的资金后地区内的人聚集起来赚钱是完全不一样的。

从天而降的资金哪里能解决地区的问题，根本就是灾难的元凶罢了。

随着彼此自我意识的出现，本应合作推行的努力也流于表面。这看起来似乎是绕道而行，但对于社区而言，考虑如何能让自己获益反而是更好的。

然而现在说到"社区营造""地区振兴"还是有很多人会想到"先拿到补助款项"。希望大家能够在脑海深处明白这是愚蠢至极的想法，不要重蹈我们的覆辙。

设立"商店街网络株式会社"

在早稻田商店会进入急剧变化时期的前夕，我全身而退投入到另一个完全不同的项目推广中。谁也没想到在后来居然也会变得一团糟。

那是在1999年开展的"商店街回收峰会"时，提到了利用早稻田商店会在社区营造活动中与日本全国的商店街建立联系，运用互联网做点事业，这就算是源头了。同年又举行了一次大会，由日本全国商店街合资设立公司，这项事业也正式拉开帷幕。那是我大二秋天时的事情。

当时像乐天市场那样的电子商务形式已经兴起。然而商店街人们的预期是实体店铺在网络上联合起来会发挥超过乐天等电子商务形式的能量。商店街利用超越地区性的互联网合作，售卖日本全国的商品，这样就可以变成新的商店街商业形式，也就是"有店铺的无店铺销售"形式。不过一大半的人对于互联网不熟悉，这之中对IT最了解的我也就鹤立鸡群了。我本来只想在幕后帮个忙，但是毕竟新鲜事物还是要新人牵头来做。

就这样我担任了董事兼社长的职务。

股东有50人左右，投资额每股5万日元，一共募集到1245万日元资金。

但是这项事业最初也是跌跌撞撞的。现在看起来，"一切都太幼稚了"一句话就可以概括。不只是我，参加商店街的人也都没有深刻考虑过具体要开展什么业务、公司应该怎么赚钱。如今看来无论是经营方面还是投资方面都粗糙得荒唐。

当然在设立初期,所有人都只会说"真不错""真有趣"这样正面的话。但是出资设立公司肯定是期待得到回报的,一边嘴上说着"地区振兴""商店街振兴"一边做着对自己有害的事情是谁都不想的。

结果所有人都是抱着"只要团结起来就能做出什么来"的朦胧期待,不断试错的两年光阴就如白驹过隙一般。充其量每个人都只是想出一个主意,完全看不到公司的业务发展道路。

因为完全没法推进,我就利用了暑假和春假开始了"学徒之旅"。为的就是走访日本全国各地的商店街,住下来打下手,一边观察地方上的情况,一边考虑自己的事业。游走各地虽然也能归纳出"这么做可以更赚钱",但实际运用起来没有一个案例是顺利的。

商店街的人觉得"这样就一定可以赚钱吧"的想法之一就是当初规划的商店街店铺通过互联网销售商品,比如九州的店铺出售北海道特产。但是一旦实际运作就发现压根卖不出去,就算卖出去了支付也会有延迟,有些情况下甚至可能赔本。

这时候才明白和商店街做买卖是那么难。

如今想来个中缘由也是很清晰的。经营不善的商店首先缺乏销售能力,资金调度也够呛。商品卖不出去,支付也迟迟等不来。不管从其他的地区拿来多么吸引人的商品,没有出售对象的话,再进货的资金都是问题,也就更没有资金支付给推动这个系统运作的商店街网络了。"把东西放到互联网上卖就能振兴商店街"不过是个白日梦而已。

作为公司在这种情况下不断试错互联网销售业务,理所当然是没法产生收益的。我在日本全国各地游走,但是重要的商品在互联网上完全卖不动,这样的日子一直在持续。而就任社长后一眨眼已经过了两年了。

乏力又脱毛的日子

合资公司的定期股东大会每年开一次。在第四年的股东大会上就出现了篇头介绍的狂风暴怒的场景。事业进展不顺利自然也就基本没什么收益,资本也理所当然地在减少。好不容易实现了盈利,但是那并不是通过在互联网上贩卖商品获得的,而是通过在商店街开展广告业务等创造财源的业务获得的。股东们看着业务状况不如预期、社长又不听股东的话、投资资金还在逐渐减少,谁遇上这一切都会火大。

对此我承担所有责任,是我太不成熟且无能,没有做好自然有些悔恨和遗憾,也有为他人管理金钱的沉重压力。我以此为借口推迟了我的一些想法。股东大会临近,"照现在的业务规划压根卖不出去""但是我也没法提供任何解决方案"的恐惧让我陷入了心理困境,甚至患上了斑秃。

人们看到我在"学生社长"的位置上,都称赞我"正在尽力而为"。

但是事实就是这样。对于业务合作伙伴和投资人来说漂亮话是没用的，我每一天都在努力寻找振兴商店街并让公司盈利的方法。

惨痛的教训

我就这样烦恼忧虑着挺过来了。通过这份经验，我也悟出了两个自己的见解。

第一点是不应当听取全员的意见，而是要自己思考。两年间，我拜访日本全国去听取股东们的意见，以此为基础考虑全体股东可以接受的业务，然而没有一件是能顺利推行的。

当时在听取大家的意见前没有自己思考过就行动，这样是不够的。当然了，也不是说独断专行就能成功了。

只不过自己思考后决定下来的事情能够真正当一回事去做，就算没有取得很好的成果，重新修改路线也好、撤退也好，都可以自己做决定。

反过来如果听取所有人的意见，优先考虑让所有人都能接受那就很难做出自己的判断。就算隐约感觉走错了方向，所有人都会因为"反正会有谁来解决的"而觉得责任不在自己。这样最终事态不会有任何改善，只会变得越来越糟糕。最后我把进展不顺利的责任推给了周围的人，而把问题放在了一边。整件事就很幼稚。

第二点，和上一点其实也有关系，就是不能靠幼稚的梦想去召集伙伴。如前所述，合资公司的参加者看到了早稻田商店会活动的实际成果后，都是有自己的梦想的。但却没有任何具体的路线，只是抱有"这么走下去一定会有什么好事发生"的幻想开始了事业。

但是就和所有其他事业一样，愉快赚钱这种"梦呓般的话"是不存在的。小地方的事业不光需要纯出资的人，也必须有出资后共同流汗的伙伴。只花钱就想尝到甜头是行不通的，必须要在一开始招募伙伴时就以残酷的现实为前提。

但我发现这一点时已经太迟了，而且就算是发现了也不敢强硬地表示出来。第三年我开始意识到这样下去是行不通的，终于按自己的想法行事，承接商店街的广告业务和调查研究业务后，最终实现了销售目标并改善了业绩。对我来说也确实始有成果了。

只不过我这样转变方针并没有使得某些股东信服。他们不明白能给商店街创造财源的广告、和管理相关的调查研究这种不明不白的业务赚到钱了到底能有什么用，最后还是变成了要开展更多能为当地商店街带来补贴的活动的业务。之后就发展成了第四年股东大会时期的动荡。我觉得正是因为最初的倡议都过于朦胧甚至像是痴人说梦，等到向现实方向转变后，从股东这边看起来就像是我背叛了他们一样。

实话说这时候我打心底感到精疲力尽。照着他们说的去做业绩也不会更好，照着自己的想法去做明明初有成效却被全盘否定。最初我是觉得悲伤的，但在这个过程中我也晕了头，这样叫了出来：

"万分抱歉，如果要说这样自私的话那就请自己来，随您便吧。"

辞任之后，我深感这辈子绝对不要再涉足商店街的事业了。

我无法想象曾经在早稻田商店街的活动让我那么快乐，而后的事业发展却会迎来这样的结局。

就这样，我在"商店街"和"社区营造"领域的实践一度中断了。那时有个熟人劝我去参加一桥大学大学院（译者注：大学院相当于中国的研究生院）学习经营学。在2005年春天我决定要升学了。

社会的常识却是社区营造的反常识

我在学生社长时代四年间经历的事情就是当下日本社区营造原原本本所存在的问题。从那时候过来也已经十年有余了，但是问题却完全没有变化，那是因为现实中日本的社区营造形式就没有什么大的进化。

前景预期的天真、无责任感的品质、坐享其成的心态、独善其身的想法等，我认为不止在社区营造领域，在日本的很多组织里都可以看到这样的现象。更重要的是笼罩在这些问题之上，还有政府、补贴和委托业务等税金阴影隐约可见。

就以商店街网络来说也是毫无例外。虽然说是名副其实的民营公司，但也有出资人不是这么想的。

看起来是以在日本全国备受瞩目的早稻田商店会为核心，设立全国商店街加盟的网络，利用互联网售卖商品，然后有个叫木下的年轻人凭借高中生社长身份成了话题人物，更棒的是还有一些预算。运气好的话公司就会变得更大，说不定股价也会涨得更高。那就投资一下吧。这样想着坐享其成的人数不胜数。

问题是就算是如今在振兴商店街和社区营造等语境下，还是不乏有人抱有"有没有简单的振兴地区的办法呢""政府会不会提供补贴支持呢"这样坐享其成并拿别人的钱打水漂的想法。也就是不靠自己的努力去盈利，而是妄想政府能投入预算给自己。然而不管一次性的预算能给多少，也和地区的未来没有丝毫的联系。

每年拿着补贴，不论是开展活动或者处理空置店铺，在补贴结束后都将面临终结。在他人的金钱和主意的基础上投入多少没有可持续性的劳力，地区的衰退还是理所当然的。这不仅是对于商店街来说，和地区相关的社区营造的所有领域都是如此。地区的衰退是注定的，也是当下正在发生的事情。

经历过这些之后，现在的我所思考的社区营造，用以往的思考方式来看可以说是非常"反常识"的。也就是如何在不依赖补贴的条件下通过自己的事业去产生利润。相比于听取他人的意见更需要自己思考，不依赖他人的帮助，而是自己创办公司成就事业，然后将利润再投入到下一项事业中。

社区营造语境中反常识的这些点在寻常世界中却是常识。

也许有人会想这到底行得通吗，但这和街区大小无关，和手头的资金多少无关，只要想做就能实现。认为行不通是因为从一开始就已经这样下了结论了。现在请清空一下思路，读一下本书吧。

把自己的方法播撒到多个领域也算是对我年轻时患上斑秃的唯一补偿方式吧。

那么我想在接下来的章节给读者说明一下具体的方法和实例。

一起在街区创造"利润"吧

从美国学来的"自立型"社区营造

自己提升资产价值

怎样才能振兴商店街,并且给投入该事业的自己的公司提升收益呢?担任"商店街网络"的社长时,我最关心的就是这些。

就算在日本国内做了许多研究,我也没有找到可以作为解决方案的例子。那么海外的街区又是如何呢?如果可能的话,我想坐飞机过去实地调查,但是当时又苦于财力不足。当然了,公司是有一定资本的,但是如果使用了的话,投资人又一定会责难我"不要在没必要的地方花钱",所以我要自己准备好出行资金。

因此我的方法就是专注于有奖论文。在大三的时候,我将题为"日本型社区营造的终结"的论文投稿给了当时尚在人世的藤田田先生(日本麦当劳的创立者)设立的藤田未来研究所。1998年所谓的"社区营造三法"[1]在日本实行以来,

---

1 日本政府颁布了三项法律来改善当地城市的空心化:允许地方政府根据用途将特定区域划定为"○○地区"等的《改正都市计划法》(1998年实行);为了振兴日益衰落的中心城区,引入由商工会或第三方来组成城镇管理机构(TMO)的《中心市街地活性化法》(1998年实行);以日本全国连锁的大型超市等所谓"大型商店"的开店对地区造成的生活环境方面的影响为考量制订的《大规模零售店铺立地法》(2000年实行)。

政府主导型的社区营造业界也未能获得什么显著成果,我以此为题与伙伴(当时"商店街网络"的事业部长、现非营利组织 Florence 的法人代表驹崎弘树,也是合著者之一)一同研究了美国的社区营造事业,在这个基础上将日本的依赖补贴型社区营造的问题和美国的以受益者业主为成本承担者的社区营造形式进行总结,作成一文。此文有幸获得了 2003 年"学生奖励奖",于是我和伙伴就拿着奖金一起去美国考察了(图 2)。

图 2　考察欧美城市地区振兴项目

当时从美国的地区振兴实践者身上学到最多的是社区营造不由政府主导,而是由民间力量主导,特别是以业主的角度去思考的方式。在当地和业主们交流后,知道他们都对地区的投资非常积极。要问为什么的话，他们立刻会说"因为这样会提升自己资产的价值啊"。也就是说"社区营造就是对自己资产的管理，所以首先不是去求助于政府，而是让业主自己联合起来投资"。他们说出来好像理所当然的样子，对当时的我来说却是备受冲击。像是"究竟谁获得了利益""为了获得利益就应该对地区投资"这种观点在我以前考虑社区营造时都是没想到过的。

所有业主都希望能有更好的租户，也就是能盈利的商店经营者入驻。为此就要让建筑和地区看起来更有魅力，也需要从地区外招募优秀的租户，所以才要投资。

有些事情虽然自己也可以完成，但有些只能以地区为单位去实现，于是业主们就联合起来设立了组织，共同投资一片区域。这不是相互依赖的关系，而是实现了乘法效应的非常合理的结构。

位于纽约中心时代广场的社区营造公司"时代广场联盟（Times Square ALliance）"作为我们的研究对象之一给我们分享了见解。如同字面意思，这是一个由业主和居民等形成的联盟。

拥有多家富有魅力的商店后，各幢大楼及区域的魅力就得到了提升，当地的价值也会大幅提升，想要在这里开店的人也会蜂拥而至。结果是地价上涨、租金上涨，业主们盈利。这种良性循环形成后，业主们的投资也就能产生回报了。

此外，这种模式带有美式现实主义风格。以业主为中心形成的合作组织就需要雇佣经理人,在规定时间内不能取得成果那就得解雇,因此经理人也会拼命去获取成果。取得成果后其他地区的猎头就会以更高的报酬来挖人。正因为有适当的紧迫感和报酬机制,大家才会坚持以团队形式来取得成果,这样能成长起来的街区就会继续扩大影响。

反观日本,政府主导型的社区营造仍在持续,人们仍会想着要政府投资公共事业。然而公共事业投资本来就不以直接盈利为目的,成果的验证就变得模棱两可。民间资本是不会盲目对看起来没有收益的公共事业投资的,最后新店铺开不起来、人也召集不到,导致失败的例子数不胜数。究其根本是因为没有"自己的利润要自己提升"的想法。换言之,不拘泥于以往做法的话,日本的街区还有很多可以盈利的余地。

社区营造也有让业主成为主体,促使其为保护自己的资产价值而投资并获取投资回报的方式。意识到这一点之后,我对"社区营造"的思考方式就彻底改变了。

监护人亲手建造了小学的校园

在美国另一件令我震惊的事是居民甚至还参与兴建了地区的公园和小学的校园。

业主会努力增值自己的资产,居民也会将街区的公共设施看作自己的资产,努力提升其价值。这也算不上特例,在美国各地都是这么运作的。

支持这一事业的是一个叫"KABOOM！"的非营利组织。当时整个美国有500个实际案例（如今已经多达16 000个）。我们有幸参与了周末的校园建设工作，场地位于新开设的小学校园，主要的参与者是在这里读书的当地孩子的父母和居民，大家一同帮忙建设校园。

为什么要自己建造呢？当然有一个因素是想要亲手给自己孩子建造校园，但另一方面也是出于实际利益的考量。

在当地新建小学时，校区会被指定为教育特区，由当地居民承担开发费用。换句话说，建设成本越高，居民的负担也越重，因此能压缩成本的部分就要尽量压缩。即便如此，教学楼也不可能亲手建造，所以至少可以自己想办法建造部分校园。

准备工作耗费了一年光景，施工作业在我们参与的周末一口气就完成了。完成的那天傍晚有一个让我印象深刻的场景，校园里开进来一辆轿车，车上下来的是当地的市长，看准了时机来跟大家打个招呼。

市长的讲话内容让我深受感动。不知是特别安排还是偶然，他背对夕阳英姿飒爽地站立着朗朗发言的样子颇有美国政治家的风采。

"正因为有你们为了当地孩子流汗出力，才有了这个美好的校园。正因为有你们的努力，相信这个地区的教育事业会变得更好！"其后是孩子们作为回礼的合唱，最后是大家拍手鼓掌。这一连串的过程让我不仅感动，更是受到冲击。

而在日本的街区，我从未看到过政府和市民之间有过这样的关系。

如今仍有绝大多数的市民认为社区营造靠税金来推动是理所当然的。他们完全不考虑财政方面的事情，全凭喜好对政府发表"该那样做""这个好"之类的意见。如果不能实现，又会批评说"这是政府机关的事情""市长真是没用"。有时候政府机关为了避免这些批评就把公共事业整个交给企业，自己退避三舍。

这真的是"让街区更美好"的正确流程吗？日本在某种意义上是过于幸运了，一直以来什么事情都是政府在做，即便自己能做的事情也认为应该用税金来实现。

不过近来日本的情况也有了些变化。比如我的合作伙伴西村浩经营着 Work Visions 建筑事务所，他本身是土木方面的专家，对于一直以来政府自上而下式的社区营造抱有疑虑，就开始尝试自己全新的方式。

比如说，在佐贺的商店街利用空地召集当地的孩子们一起种植草坪，再放上集装箱，开展了"热闹的集装箱"项目。还有在大分站前的大型广场维护期间，召集市民一起举行了种植草坪的工作坊活动。

这种环境维护的工作也可以全部委托给专业机构，但就会产生大额费用。不过有大量市民参与后，天然草坪空间在一瞬间就诞生了。成本得到控制的同时,对于市民来说也会意识到这是自己营造的广场。

不用去说"正因为是美国所以怎么样,正因为是日本又怎么样",只要有让地区变得更好的想法,国家之间的差异并不重要。谁都可以不依赖他人,靠自己的力量来实现。差异在于有没有意识到"自己需要的东西应该由自己来创造",仅此而已。

在研究生院结合理论与实践

如前所述,我辞任"商店街网络"的社长后,进入了研究生院学习。本科生时代我虽然主修政治学,但在研究生院我主修的却是经营学。这是因为我在美国遇到的人们一直都在强调"管理"这个概念。

此外,我自身也从在日本的事业中深刻体会到社区营造需要的是"经营",不是"政治"。

从结果来看,这个选择非常不错。一旦从实际业务中抽身,每周被提交多个经营管理报告这种课题追着跑,对我来说却是一个不错的复健方式。现在想来,上一次像那样认真学习已经是高中入学考试时的事情了。

通过在研究生院的学习,我在商店街网络时期感受到的各种模糊不清的问题,都恰好能套入经营学的固定框架。经营战略、组织论、市场营销、财务管理等,任何一个都是我在社长时代感觉苦闷的东西，在理论化体系化地整理这些知识的时候我感到无比快乐。

从经营角度再看社区营造

当初进入研究生院时我已经决定了不再涉足"社区营造"的实践中，我打算把这两年定为"排毒期"。

但是这并不是说我对此毫不关心。这时候因为东京财团等开始支持城市管理相关的政策研究活动，我得以持续造访以欧美为中心的世界各地，得到了详细调查和研究的宝贵机会。城镇衰落的问题在发达国家很普遍，或者说相比日本，海外一些国家在城市衰退方面的经验更深刻。这些现状的见闻思考对日本的街区问题也有莫大的帮助。

在研究生院我学习了理论知识，并对以实际社会问题为对象的政策智库进行调查研究。我有了两大发现：其一是研究和实践的对象从"振兴商店街"向"街区自身的振兴事业"切换，另一点是对于"如何把经营学带入社区营造中"的具体方法的思考倾向。

对于振兴街区来说，"经济"本身就是必需的。不是说政府要怎么通过税金的重新分配来弥补，而是以"从街区整体看如何能创收"为重要主题来思考。"温暖的街区""心意相通的街区"这种口号时有耳闻，但这都是不负责任的"漂亮话"罢了。不能创收就只能衰退下去，历史已经证明了这点。

那么在不断缩小的社会环境中如何能产生收益呢？我认为只能横跨所有的地方产业，运用地区有限的资源来创造收益、留下利润，并将利润重新投入到下一个事业中。

为此就不用区分商业、农业、水产业等。将街区作为一个整体来思考，政府和民间是同舟共济的关系，区分政府和民间本身就没有意义。我们需要跨越所有产业之间，以及政府和民间的隔阂，适应不断缩小的社会。而把有限的资源有效运用并最大化成果正是经营学擅长的领域。

虽然我曾想过"绝不再涉足地方事业"，但这样思考之后，我却想再次在地区的实际业务中挑战一番。

重返"实践"世界

首先从"削减预算"开始

不久之后我就在熊本重新开始了街区创生项目，那是在2006年左右。

我从大学时代开始就习惯把自己做的调查研究上传到博客，或整理成报告发给相关的人。主题囊括海外的社区营造项目的情况、二战后都市的变迁、民间机构取得成果的方法、有效的政策机制等。

熊本市城见町大道商店街的南良辅先生就是读者之一。他联络我说想要在当地实践一下我在报告中建议的以业主为中心，自我提升不动产价值的事业模型。以此为契机，我就重新将此作为我的事业，重返了地方振兴的世界。

首先是以学习会的形式，就日本国内和海外方法的差异、日本型社区营造的问题点、针对这些问题点能做出的改善等，整体讲解了一年以上（图3）。

图3　学习会

不过对于这种和以前完全不同的方式，当地的业主大多表示不能理解。当然这不能勉强，毕竟在日本鲜有这样的先例，甚至连为了提升区域整体价值让民间投资这种想法都从未有过。

因此我判断很难从业主那里获得新的投资资金。因为有较多的业主对于通过共同改善设施管理业务来整体经营大楼表现了兴趣，所以我转换了方针，先要以削减预算为主要目标取得成果，将预算中削减下来的一部分作为对区域的投资资金。

思考下来，从长远看这比美国的先行投资方式可能更好，因为能减少当前开支，甚至能挤出投资资金，这将具有非常完美的经营结构。

不过尽管如此，但每个人的理解是不尽相同的，所以南先生首先将范围缩小到自己可以经营业务的城见町区域来发起事业，而后扩展到周边地区。

为了能推动该事业发展，我和南先生，还有10年来共同参与地区活动实践的合伙人——德岛大学的矢部拓也，以及当地下通商店街的"大哥大"长江浩文，四人一同出资设立了熊本城东管理株式会社。

租户和不动产分别考虑

南先生经营酒类批发业务，同时也是大楼的业主，这是一个容易被忽视的重点。

按照以往的想法是"把酒庄的营业额再提升一把"，"那就需要让商店街更热闹一些"。然而长期从事商店街振兴事业的南先生已经注意到了这个模式的极限，不管反复举办多少活动都没法有效提升店铺的营业额,所以他这时候对我所提出的"不是作为一个店主,而是作为不动产业主来努力振兴街区"的计划表示出了兴趣。这就必须把中心城区分为"租户"和"不动产"分别看待。

不管是什么问题拆分来看都能看到解决方案。拆分之后,"店铺的营业问题"和"不动产的运营问题"就可以分开考虑了。关于前者,南先生将原本摆放存货的店铺进行了改造,开设了一家顾客能站着饮酒的酒馆,有效利用空间的同时开始从事批发以外的业务。

关于后者,作为不动产看待时,就可以得出别的对策。不动产的营业额就是从租户处收取的房租。一方面,为了让更多的租户产生"想要租借"的想法就必须同时提升建筑和区域的价值。另一方面,建筑本身会产生维护费用,这部分维护费不做控制的话,不管收多少房租,利润都会越来越少。

就南先生来说,在开销方面的努力尚不充分。这样的话,把在不动产运营方面的改善方法运用到整个街区就可以改善经营状况了。

让对手先赚三回

仅仅持有不动产就会产生相当数额的维护费和管理费。人们倾向于认为房地产持有者的收入是不劳而获、非常轻松的,但实际上并非如此。清扫是必须要做的,有电梯的话电梯维护也必不可少。大部分业主是借钱建造大楼的,这部分也必须偿还。

不动产业主需要遵守的规则比较多，投资回报期又很长，正因为如此，业主们多是偏向于保守的。当然了，他们也都是经营者，平心而论超出必要的钱是一分也不想多花的。

像是"这么做对街区有好处"这种话是没有说服力的。不管说什么高大上的理想，纸上谈兵都是徒劳的。与之相比，真正重要的是创造出资之后能"得"而不是"损"的系统。真正具有说服力的还是实实在在的商业可行性。

曾经早稻田商店会的会长也这么教导过我，想要在工作中获得对方的信任，只是嘴上说说"最后一定会赚钱的""在确定自己有利润之后会付钱给你"是没用的。要先开展业务，如果能先让对方赚到三次，就可以获得信任。要让对方先于自己获得好处。

这样一来，对方如果是个体面人就一定会说"不能只有我一个人拿到好处，你也应该获得利润才对"。于是信赖关系就诞生了，并可以维持长期合作。信赖关系是从让对方实际感受到有利可得开始的，就社区营造来说也是一样的。

在开展业务时首先要让对方能够得到好处，建立起可靠的信赖关系。我们在熊本就是以此为前提创业的。

去熊本！着眼垃圾问题

一方面保证对方能获得收益，另一方面又要切实提升自己的业务成果，因此我们针对原本着手不多的不动产维护管理经费提出了削减的方法。我们采用了这样的机制：把削减开销后节省出来资金的一部分返还给业主，剩下的一部分作为地区振兴的基金积攒起来。开销削减后能切实保证每个月的利润，也能对业主兑现支付的承诺。此外通过将其中一部分资金积攒起来，可以作为街区振兴所需要的基金。简而言之，我们想出的这个机制对于业主来说不会产生新的负担，又能积攒社区营造需要的基金。

突然说"请出资30万日元投资地区"，肯定谁都会抵触。

但是如果能从现有的开销中减少100万日元，那其中30万日元就应该有机会用来投资到街区的事业中去，我们是这么想的。

那么怎么能够减少开销呢？就熊本商店街来说，我们聚焦的是垃圾处理问题。

熊本市的市中心主要有"上通"和"下通"两个大型商店街，其中下方大道侧的巷子里有各式各样的饮食店街。南先生担任商店会长的城见町大道就在其中一角，成了最初的"试验场地"。

不愧是饮食街，每天都会产生大量的厨余垃圾。但是每个建筑里都没有临时保管垃圾的地方，而且建筑外也不设垃圾集中堆放点。因此一般在营业结束后，店家会将垃圾装入垃圾袋后扔到店门外，再由垃圾回收公司回收。

想象一下就知道这情景有多悲惨了。路上到处都是垃圾堆成的小山，那就是"临时垃圾站"，大家都随手把垃圾扔了过去，然后乌鸦就会聚集过来，旁若无人地啄食、弄散垃圾，有时候还有微波炉和洗衣机这样违法丢弃的垃圾（译者注：在日本家用电器等大型垃圾通常需要按地方法规由专业人员或公司回收），完全没法想象是正在营业的店铺门前该有的样子。

当地的业主虽然意识到了问题所在，但是也束手无策，处于不得不这样放任不管的状态。垃圾处理的正常化不仅有削减开销的意义，而且是一个极其重要的地区问题。

捆绑在一起以降低开销、提升品质

熊本市有一个规则，就是建筑所有者或店铺租户等需与垃圾回收公司直接签合同，由他们来回收业务垃圾。一般来说由业主签合同时这部分费用会以"管理费"的形式向各店铺征收。

但是租户中也有不能理解这个规则的人，或者是有意无视规则的人。比如有个酒吧的老板娘就直接地说"我们店可是没有垃圾的哟"。这听起来不可思议，细问之下原来是她每天都把垃圾带回家扔掉。深究起来这其实是违法行为（译者注：在日本业务垃圾和家庭垃圾处理方式不同），但她却完全没有意识到。此外有些人不遵守回收时间，白天就把垃圾扔出来，某种意义上这地方已经向着法外之地发展了。

和垃圾回收公司签合同也是完全按照对方的报价。有些店铺一个月3 000日元，有些店铺一个月2万日元。因为相对于总成本来说这部分开销并不多，所以这些草率的合同往往被忽略了。但和郊外的连锁商店相比，在城区做同样的生意就必须支付高昂的垃圾处理费用，这对于做生意的店铺来说也是一个不利条件。

于是我们认为以此为切入点，要点在于把各店铺、各大楼分散的合同捆绑成一个合同。把各自和垃圾回收公司签订的合同合并成一个，这样理所当然地会因为规模扩大而更有谈判能力，此外还可以设计一条高效的路线来减少开销。

重要的不只是砍价，而是要创造出让对方经营者能降低价格的理由。垃圾回收公司也是在做生意，因此也必须提出对方可以接受的条件。我们承诺把各店铺捆绑在一起，每个月的垃圾回收费也由我们来收取，并且还由我们设计高效的回收路线，回收时间也可以规范化并让加盟店铺遵守。

这样一来，对于经营者来说就不再需要支付业务和资金收取的人工成本，资金回收失败的风险也没有了。此外，如果能实现回收路线的高效化，也可以减少工作时间、降低人工成本。

在想出了这样的机制后，我们召集了地区内的建筑业主和店主等，召开了多个说明会。从管理说起，再展开谈到垃圾回收的联合协议,并解说道"大家联合起来签订合约绝对更实惠",这样的过程不断重复。

经过一年左右,我们终于聚集到了一定数量的赞同者。从这之后,相比理论而言证据就更重要了,实际运作能更快让大家理解,因为单纯说明计划还是会有很多人不能信服其实际效果。如前所述,包含我在内的四个人共同出资成立了公司。公司的第一项工作就是与表示赞同的业主大楼内入驻的54个加盟店铺一同,和同一个垃圾回收公司签署一份联合协议。

最终在一年间我们成功削减了总共170万日元的开销,而严格遵守回收路线和时间使得路上摆放的垃圾数量也减少了。我们也证明了整个街区捆绑在一起能够削减开销,并且能改善景观。

贯彻"三分之一原则"

最重要的一点是没有人遭受损失,也没有人勉为其难。在根本上,仅仅通过更替合同、规定垃圾投放场所和时间等,情况就已经得到改善了。因此一些业主也下调了管理费,租户在表示感谢的同时也表现出了惊讶。一般来说不动产业主找租户的时候不是有麻烦事就是要涨租,所以也不难想象会有这样的情景吧。

而熊本城东管理株式会社毕竟也是营利公司，因此我们会从不动产业主削减的成本中收取一部分差额作为佣金，另一部分也会重新投入到地区中，没有这部分就没有意义了。

这就是我们所说的"三分之一原则"（图4）。如果只是在不动产业主和公司间均摊削减下来的成本那么所谓的利润也就到此为止了。我们的原则是必须要把三分之一投入到未来的投资基金中，累积起来对地区做再投资。

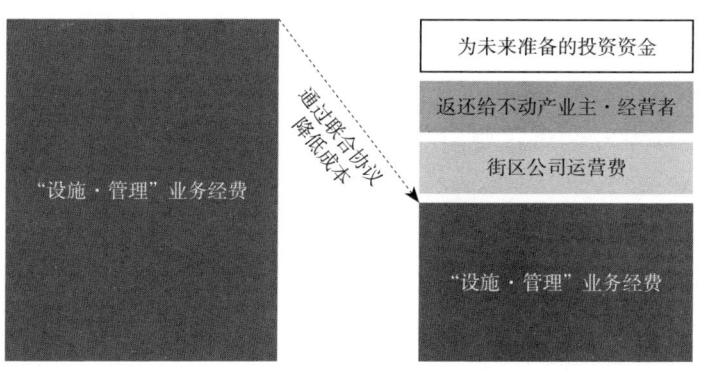

图4　三分之一原则

实际上在熊本，我们会把这笔资金捐给做清扫工作的当地的非营利组织，也会作为当地广播公司的节目赞助方，开设介绍当地新开店铺的栏目。最近，我们又在路边开设了新的市集与共享办公室等，开拓了对街区的投资方向。

每月开展的"种子市集"以收费的形式给想要创业也想开店铺的人一个展示的机会。如同字面有"播种"的意思，市集积累的营业额或许最终能让市集搬到空置店铺里真正开展业务。如今运用空置大楼的建筑再生型共享商铺也是个热门话题。此重在打造资金持续流转的机制，而不仅是削减了成本并分配利润。

无论如何我们的愿景已经成型，能够把成果展示给当地人看了。终于我们也可以自信地向当初疑虑重重不愿加入的不动产业主做出说明。在此之前即便是再乐观的游说，心里还是会有种"会变得怎样呢"的不安。在这个时候能够取得足够让人信服的成果，便是向未来跨出了重要的一步。

"问候"的真正原因

在新的土地上开展业务时，"问候"非常重要。

当我们最终决定将熊本的项目事业化时，我们联系了一个有当地经济团体和地方政府参与的社区营造公司，询问他们"要不要一起来干一番事业"。

对于地方的事业，很多人确实会期待由许多当地人参与的组织来做。不过那个社长在思考了一阵后说了这样一番话：

"这个公司要做出决定非常困难，还是不要去想了的好。"

这是因为该组织接受了许多企业出资，在一一取得各出资企业首肯前什么事情都没法推进。

"想做的事情都做不了，那到底是为了什么呢？"在思考这一点的时候，相对的，我想到自己也有类似的经验。在担任商店街网络社长的时候,就出资资金使用方式这个问题我也受到了来自日本全国的投资人的各种质疑。"在达成共识之前动弹不得"可以说是根植日本的坏习惯了,在日本哪里都一样。

"所以我认为这项事业还是按你们的想法去做更好啊。需要资金的话,我可以以个人名义出资给你们。"

社长是这么说的。对于我们来说他们的支持本来也就不是必需的。如前所述,大楼经营实现高效化之后就会有新的财路,地方设施管理也不需要太大的投资。与之相比,我们作为一个新来者只是想和根植当地的公司疏通一下关系而已。

这时候虽然获得了社长建设性的意见,但是却遭到了地方经济团体专务的强烈反对,诸如"你们任意妄为是想干什么""让当地企业竞争以压低价格简直是妄想"等严厉的斥责。确实从某个方面来看这样没错,但是一味让街区的商店承担这样不合理的高额处理费用着实有些奇怪,所以这并没有改变我们要去执行的决定。

并非所有人都能同意新的倡议。不过实际行动起来用谦虚的方式推动倡议后,最初猛烈反对的人也会逐渐收起锋芒。

从好的意义上说,在行动初期适当"无视"一些意见是非常重要的。

这样的"问候"我们之后在各地开展新事业时也是一定会做的。表面上是为了邀请大家"务必一起努力",内心却是不抱这样的期待,基本上也没有谁会这样"上船"的。本质上这是为了能够在地方做自己想做的事情时需要的"过路礼仪"罢了。

如果没打过招呼,要是之后对方再说"我们可没听说过啊",就可能会引发麻烦。而打过招呼后还可能会有合作的机会,哪怕是百分之一甚至千分之一的概率。我认为去沟通的时候既不要抱有期待也不用胆怯,只是去做一次说明也没有多少人力和时间成本。

在一个地区开展的事业越是突出就越有可能受到当地人的反对。就社区营造业界来说,新事物总是会受到非议的,事业本身的好坏、对于地区是不是有好处都变得无关紧要,可悲的是这就是事实了。所以说要取得先手,一定要先疏通关系。先把关系疏通好,之后无论被说什么也都已经有准备了。

竞争哪里不好了

起初与垃圾回收公司签订合同也不是一帆风顺的。举例来说,最初签订合同的回收公司在第二年就要突然涨价了。

于是我们重新评估了预算,然而当地的几家有竞争力的垃圾回收公司之间通过"协调"后只剩下了偏高预算的报价。这时候我意识到想和做是完全不同的。

因此我们就尽量和高度独立的第三方企业交涉,并且要求他们给出报价,最终达成以合适的金额签订合同。对于各企业来说自然是不想降价的,但这种不公正的状态长期横行就成了问题。就地方上的城市而言,没有完美的竞争环境,业界不可避免地会发生这种"调整",而没有议价能力的中小型店铺就容易吃亏。大型连锁店使用电子招标的方式有时可以招到县外的企业,而中小企业则做不到,也就会被轻视了。

从商业常识来看,作为企业在竞争中切磋、琢磨、提升生产力并成长起来是理所当然的事情,对于街区来说也是一样的。街区要与外部街区竞争,对于城区和郊区来说也是一样的。为了提升生产力,这样不当的"协调"不加以改善则店铺会逐渐消失。

垃圾回收公司通过不正当的方式从商店街赚钱,意味着商店街相应地也支付了过多的成本,这就会削弱商店街的竞争力。

即便如此,也有人会说削减成本是"抢蛋糕的行为"或者"这么做什么也产出不了",但就是因为有人能悠然说着这样的闲话,才会导致地方衰退。简而言之,认真觉得"效率低是好事"的人不管多少,只要他们存在本身就是个问题。如果对现有的规则毫不怀疑,加上维持现有的低效率的做法,那么振兴也就无从谈起了。

建立合理的机制并不断完善,与之对应地去削减成本可以说是非常理所当然的。提升人力和资金等的效率后再继续投资别的项目,通过这样的一连串行动就能改善整个社会了。

系统比魅力更重要

自2008年和伙伴一起设立熊本的公司开展业务至今，是有不少曲折，不过也有切实改善的部分。

现在公司的业务不局限于城见町路，随着伙伴也逐渐增多，也在向下通的其他地区甚至上通地区稳步扩张，参与进来的店铺数量有170家之多。与合同改善之前相比，一年合计节省了400万日元以上的经费。此外路上的垃圾山也减少了，签约的店铺也能贴好垃圾贴条扔在规定场所。公司自然从创业以来就一直维持着盈利，收益也如前所述为了提升街区魅力重新投资了回去。重要的不在于花光利润，而是再次投入到街区必要的事业中。

无论如何，利润都要用于能吸引新人加入的新的投资中，这也意味着一次性的"节日"性活动毫无意义。我们的目标是渐渐地去创建一个投资可以吸引来新投资的良性循环系统。

重点在于要创建这样的系统，并能灵活地随机应变着重新组合。最初需要能量去推动，等这个机制牢固地建立起来后，实践成员变更也好，增加也好，都能很好地运转下去，就算是我退出之后它也依然会发挥作用。

反过来说，如果依赖一个魅力超群或者手握强权的领头人来运转，一旦这个人不再继续努力就没法维持的系统是很脆弱的，可能有什么部分已经出现"破绽"。这是在日本的组织中常见的模式，一旦失去领头人就会走向瓦解。

"街区公司"的客户是谁

明确事业目的和目标

以往在各处开展的"地区振兴"事业都只有模糊的口号,像是"为了更好的街区"等,作为业务来说收支方面并没有认真对待,当然也就难有什么实际效用了。

要创造地区的收入,尽可能减少业务开支,注重利润率,致力于对地区的再投资,思考到了这个程度,"社区营造""地区振兴"才能给地区经济带来变化,产生利润,并且这个行动自身可以成为扎实的业务,具有实效。为了明确分享这个观念,本书中采用"街区公司"的称法来形容以此为事业的组织,与传统上以第三方为中心的城镇管理组织(Town Management Organization,TMO)常用的"社区营造公司"区分开。

即便称作"街区公司"可能也不为大众所熟悉。这既不是活动公司,也不是咨询公司或是志愿者团体,而是和街区的不动产业主一同设立的商业公司,致力于改善各不动产和商产的经营环境并提升区域价值,是拥有明确目标、收益源与客户群的事业。

以熊本城东管理株式会社为例,其目的是改善位于熊本城东地区上通、下通等商业街区的不动产经营情况，客户是不动产业主，明确这一点极为重要。

和一般业务相同，要明确主要的目标客户是谁，"老少咸宜"的业务是做不好的。不能锁定客户群体意味着对于自己要做什么没有理解，这样的商品和服务最终谁都不需要。街区公司也是同理。

街区公司的客户主要是不动产业主，所以一定要为他们设定进一步的客户类型，并给出具体的提案。

街区公司的主要业务是尽可能削减客户所持有的不动产的维护管理成本，对空置楼层改造以提升价值，通过开设高毛利率的新店铺来创造新的销售业绩，尽可能美化、活用不动产所面向的道路，以及提升包含区域整体在内的资产价值。

活用既有不动产的建筑再生业务不仅能减少不动产业主对新建不动产的投资规模，对于租户来说也有好处，就是可以比新造建筑更低的成本开店。街区有了提供富有魅力的商品和服务的新店铺，也是让当地的消费者能更好地享受生活。

换句话说，对于街区公司而言，不动产业主如果是第一客户，那么第二客户就是租户，第三客户就是一般消费者。如果第三客户都能受惠，那就意味着街区自身也会繁荣。用"为了街区的每一个人"这样把所有客户混为一谈的模糊说法是行不通的。

如果要认真振兴街区，那么街区公司首先要面向第一客户即不动产业主提供服务，业务能盈利是一个大前提。毕竟其效果也自然会扩及到第二客户和第三客户。

除了我们之外，也有以社区营造为主要业务的公司，或是有不少标榜着"地区振兴"的项目。然而我认为一些项目进展不顺是因为没能明确"谁是受益人"。我不像美国的不动产业主那样敢断言"社区营造就是资产管理"，不过为了改善街区，首先要有和谁一起、怎样改变街区的意识。

这方面不搞清楚就没法提出任何具体措施，谁也得不到好处，最终出于"为了大家"这样模糊的目的，只能全盘依赖税金存活。

不动产业主提升街区价值

在本章的最后，我想介绍在诸如熊本城东管理株式会社这样以不动产业主为对象的事业中，我们从一开始就作为模范参考的机制。

这就是在海外被称为商业改良区（Business Improvement District，BID）的政策及事业，在特定的地区不动产业主以类似缴纳固定资产税的形式共同出资，投资能改善地区的事业，提升资产价值的机制。在地区再生的领域中已被美国、英国、德国、澳大利亚和新西兰等采用。

BID 的要点在于本章开头所述的，不动产业主不单独作战而是协作起来这一点。无论如何光是改善自己持有的不动产以提升资产价值总归是会受限的。不管自己的不动产有多富丽堂皇,如果隔壁还是垃圾成堆的房屋的话,那么谁也不会想来入住吧。周边治安不佳、路面脏乱也一样会导致价值下降。

为了防止这种情况发生,整个街区的不动产业主必须齐心协力不断改善周边环境。如果放任不管,那么街区的魅力,也就是不动产的价值就无法提升。

此外,将这种概念和机制妥当的规范化也是具有划时代意义的。比如在美国纽约州有这样一个规定,只要在划定区域中占整体面积 51% 以上的不动产业主赞成该事业,即便有 49% 的业主反对,反对者也需要承担资金并在 5 年内交付。虽然该法律已经有 30 年以上历史,但实际上原本却不是由国家或州政府制定的。在没有制度的情况下,由民间力量先开展事业,取得成果后再将政策建议纳入社会制度。

我认为这确实是一个非常合理的思考方式。即使一部分的土地资产价值下降,政府也很难对该地区进行特别对待来实现振兴。其他地区的居民肯定会有"为什么只有这个地方有拯救的必要"这样不满的声音。如果地方政府的财政紧缩,情况就更是糟糕了。

这种 BID 模式也是在 20 世纪 70 年代美国经济恶化、州政府财政严峻的时代从民间智慧中诞生出来的制度。我认为这个事实表明只有房地产业主才会最终挽救该地区和街区,毕竟政府也不能强迫使用民间的资产。如果地区的大部分面积为民间所持有，民间力量选择放弃，完全依赖政府的话，那这里就完蛋了。

我认为无论是市中心、旅游景点、农田还是高山都是一样的。如果在那些土地上拥有相关资产的人没有先承担风险，那还能期待谁来成就呢？

主人翁意识是一切的关键

在日本，以不动产业主为核心推进社区营造还不是主流。该站出来的人没有站出来，而有人明明没有掏钱投资自己的街区，有什么不满却到政府办公室要求"赶快帮我做点什么啊"。这是因为他们脑子里充斥着"不劳而获"的意识。

而且他们还坚信不动产的价值依赖经济形势，街区的价值应该是由政府来创造。可以说是由于二战后政府主导的机制长时间运作良好，他们就没有自己先站出来的意识了。

为了响应这样的愿望，政府就要投入税金推行大规模的开发重建，然而即使开发了也没有租户入驻，结果就是不断地衰退下去。提供土地的不动产业主可能会卖地逃离，对于他们来说也就是下决定"抛弃这个街区"的时候。

被称为"卷帘门街"（译者注：形容街道上商店的卷帘门都关上时商业落寞的状态）的商店街之中也有许多实际上并不是特别困难。虽然常被媒体等作为"地方经济衰退的象征"来报道，但也并不能只看这一面。

大街上的不动产闲置现象证明不动产业主的生活尚有余裕。如果真的财务窘迫，这些资产就该全部抵押给银行了。正因为有余裕，才把不动产就这么不整不洁地闲置着。把多处不动产这么闲置着，就算不动产业主自己的生活安定，地区的价值也会下降。我们常常揶揄他们这种无意识的态度为"街区里的公然污秽"。

其背景是不动产业主的公共意识淡薄。因为自己的资产是私有物品，没有考虑到和周边地区的联系，并且认为自己的资产可以任由自己随意处置。作为不住在那里的房东，对于这个街区的兴趣和感情就更无从谈起了。

虽然我反复在提，但不动产业主不能首先认真对待的话，地区上是什么都做不了的。外部的人没法随意处置不动产，不管给出什么提案，决定权也只握在不动产业主手里。政府不管投入多少税金去开发，如果只有1%的土地上有富丽堂皇的建筑而剩下99%的土地上的建筑都是闲置的话，也是不能改善街区的。街区的所有权属于房地产业主。

不管运用多么出色的技术，除非拥有该地方的人们有主人翁意识，否则在日本全国任何地方都不会奏效。他们是否有这样的想法将对日本未来的社区营造产生重大影响。

第二章

地方创生成功的10项铁则

社区营造事业的"发展投资团队"

熊本城东管理株式会社设立的第二年,即2009年,我和全国的合作人一起设立了"一般社团法人区域创新联盟"(AIA)。

我曾亲眼看到政府机关把我们在早稻田地区取得的成果作为先进案例刊载在"成功案例集"上,在其他地区以搭配补贴的方式推广该方法,但最终走向了失败。甚至我也经历了曾作为先进地区的早稻田地区在获得示范事业预算投入后,体制本身走向崩溃的过程。

为了打破这种地区振兴的负面连锁反应,我们设立了AIA,以民间力量为主导,以开发能产生实际成果的业务并将成果推广到其他地区为目的。创始成员是来自日本全国各地的一线实践者们。如果各领域协同工作并学习彼此的方法,就不需要依赖税金。之所以称为"区域创新联盟",是因为它是全国性的协作组织,它在民间力量的基础上设计和实践创新的社区营造方法,并积极传播。在这个意义上,这个组织的特性位于公司和协会之间。

AIA并不是所谓的咨询公司,并不是给位于日本全国各地的街区公司提供建议的。当涉及改变什么东西或者启动什么项目时,并不可能仅仅靠建议就能实际推行了。我们的目标是与不动产业主等在现场一同合作启动项目，相互分担各自业务部分，有时候还要共同出资成立公司共同承担风险。

业务启动后会产生利润，AIA 采用了从这份利润中获取收入的形式盈利。此外，我们会传播在一线获得的知识见闻，开展与政策相关的研究，并在内容业务中获利。然后将这样获得的收益重新投资到新的地区所需要的业务开发中。

当然在实际开展业务时，经常会遇到在计划阶段没有注意到的挑战。通过对解决方法的思考、对成果和失败等的验证、积累下来并整理成具体的报告后，这种方法论本身就成了与各地共同创建出来的财富。我们把这个方法论分享给各地想要开启事业的不动产业主，支持他们运用到各自的事业中，创建出更具发展性的方法，而这就是 AIA 的基本风格。从这个意义上讲，它可能更像是一个技术研发团队，而不是销售或制造团队。只有实践过的人才能了解业务的方方面面。正如我将在第三章中要讲的那样，事后靠听说整理出来的信息根本在实践中毫无用途，因此在现场实践的成员进行系统化工作很重要。

我们以"自力更生"为宗旨，奉行万事不求人的原则，成员亲自下一线在力所能及范围内产出成果，同时在这个领域获得整体发展。我认为这才是在坐享其成成风的地方开展振兴工作的最为重要的一点。

决心比金钱更为重要

通过这个工作，我有时会收到来自日本全国"烦恼地区"的人们的邀请。虽然很感激大家，不过我会先小人后君子地告知大家"如果只是想听故事就恕不奉陪"。对于有"实际在我们的地区开展业务"想法的人们，我们也会以业务开发的形式全力相助，但如果只是来寻求"听个好故事"的话，恐怕要辜负这份期待了，毕竟我也不是故事大王。

实际去到一线之后，第一件事就是以"过去的常识是现在的反常识"为题，讲述所有二战后经济扩张时代的惯例现在都不再有效，这样的失败也屡屡发生的现状。由于这个话题否定了过去，伤害了某些人士的感情，因而甚至也被称为"没有第二次的演讲"。

对于这之后依然提出想要尝试一下的地区，我们会心存感激并上门解释自己的方针，然后期待地方上能够提高觉悟下定决心。一开始就把最难的部分告知对方，就是为了让对方能够更加坚定决心。重要的不是金钱，而是决心。金钱只要一起赚就好了，决心却只能依各人自己做出。

你愿意为当地掏腰包吗

有了思想准备后，终于到了资金的话题了。为了振兴地区，由得到最多好处的人，也就是不动产业主，以及设立了项目想要盈利的我们首先出资出力，这是一个大前提。如前一章所述，一切都从这里起步。许多人都会感到震惊，因为在日本以往的"地区振兴"中习惯了"以成功案例为种子，将其扔给咨询公司，资金来源就交给税金"，而从未冒出过上述想法。

尽管如此，前期投资额度方面我们还是有数的。根据业务类型不同，在诸如第一章中介绍的一次性合同之类成本分摊业务的情况下，如果几个人各支出几十万至一百万日元，则初始资金就足够了，并可以在一两年内回本。虽然也不是小钱，但对于不动产业主、当地名人及支撑着地方的人们来说，也不是出不起的金额。

而实际上就算是这样的金额，为了地区出资的人也很少。自己的酒钱和给子孙的压岁钱是一点都不吝啬，给女儿买车、出国旅行的钱也是有的，但是为了守护自己的街区出钱却是一毛不拔。

这也就是他们没有认真考虑过振兴事业的证据了。当事人没有认真对待的话，还有谁会上心呢。就算有再多能出成果的方法，只有三心二意的思想准备都是没法去实现的。毕竟不入虎穴焉得虎子。

当我在演讲场合说这话时，几乎没有人反对。当地人都会一致说着"原来如此"而欣然接受。还有人会称赞"说得好啊"。

但当我具体问到"那么大家为了自己的街区愿意投资多少钱"的时候，就都低头沉默了。简而言之就是都没把这当成是自己的问题。

有人称我为外来者、"看人挑担"的评论家，但其实不是这样的。就算是在当地出生成长，"评论家"也大有人在，最终都是没把地区衰退看成是自己的问题。更不用说自己拥有空置不动产、本来应该做点什么的人，却依然持有这样的态度的话，那就完蛋了。

我去过很多地方，一百个人中有一个人有通过行动改变现状的积极想法就已经不错了吧。

为什么会这样呢？

我认为我能力不足、解释不足也是重要原因之一。但是另一方面，也不能否定"依赖政府机关"的思想扎根颇深。不少人明明平时嘴上都要抱怨几句"政府官员都是傻子"，但是提到社区营造又说是政府机关的工作，认为能靠得住的也只有政府机关。期待着政府官员能画好振兴蓝图，最好是再撒下点补助。

推动地区振兴事业当然也需要和政府机关的合作，但是纯粹依赖他们是没法改变地区的。政府本来就不是为了催生变化而创立的组织。

如果读者您是认真想要改变街区的"百里挑一"的那个人，也不用太悲观。

相比一百个人的共识，改变街区更需要的是一个人的决心。哪怕九十九个人都放弃了，只要一个人下定决心走出来，我们也一定能有决心走下去。

没落街区的"辩解模板"

没法走出来的人们都有一个共同点，就是有所谓"自己的街区和别人不一样"的特别意识。

"我们街区就是特别封闭的。"

"这个地区的人本来就都很慎重的。"

"因为枪打出头鸟是地方病呀！"

"没人能带领我们啊！"

以上例子是日本全国共通的逻辑，以为只有自己的地区是特别的，像这样压力深重什么都做不了。

下面这些经常听到的则是地理特征。

"因为这里是在深山里嘛。"

"因为我们沿海啊!"

"这里雪很大哟!"

"因为每年台风都要从我们这边过嘛。"

反过来也有人会一本正经地说"这里既没什么台风也没有大雪,气候安稳得很,所以大家也都过得很悠闲啊"。即便如此,这也只是应付衰退话题的借口,就算别人再怎么悠闲,自己做点不一样的事情就好了。

甚至是经常能听到和历史文化有关的辩解。

"江户时代动乱的时候,我们的主公不战而逃。从此以后临阵脱逃就成了我们这里的文化了。"

"我们这本来是个幕府领地,和那边的街区不一样。"

"因为这边有座大寺庙,所以我们没想过做游客以外的人的生意。"

这要都写出来就没完了,总之就是会涌现出各种各样"我们这个地区特别难,不是那么简单就能做好的"的言论,或是能加强这个结论的各种"行不通的事情"。

但老实说,说这种话也没法止住衰退的步伐。如果各式各样"因为什么的关系行不通"是当地共识的话,那像我这样的小人物也没什么能做的了。改变封闭的环境、气象、历史文化等都不是我能做到的事情。

然而，如果不作辩解而要"挑战一下能行得通的事情"的话，那我们也一定会通力协助。

尽管出生成长环境都不尽相同，为什么我可以和各地区的人们一起投入到实践中去呢，哪怕只是很小的举措。不是因为这个地区开放且气候舒适，也不是历史文化使然，而是因为有下定了决心什么借口也不找的各位当地人。不是说能做不能做，而是说要做不要做。

本来这样的问题就是局限于地区的话题。例如就算和在东京市中心工作的商务人士聊聊也经常会听到"因为这是我们公司的方针""因为我们公司里都是沉稳的人"这样的辩解。我觉得如果真是这样，那也只要从自己能改变的地方开始就好了啊。把所有责任都推到"环境"和"氛围"上而自己没有过错的想法可能是会比较轻松，但是这样下去组织的情况就会渐渐恶化了。

许多聪明人会放弃这样的组织、想着跳槽，对于地区来说也是一样的，越是聪明的人越是会搬到其他地区。毕竟相比改变一个地区来说，自己换个住所更简单且现实。

正因为如此，我认为不动产业主和核心产业的经营者等应该是担负起这片地区的人，不应该找借口而是下定决心行动起来。

尽管如此，说起来简单做起来难。这本书里虽然写得黑白分明，但我也有难以分辨、要与自己的天真做抗争的时候。我也是普通人，所以会在放松警惕的时候想要找借口。就这一点来说,在这项事业中共事的各地成员也都是一样的。

那么,在这样的环境下,社区营造事业要怎么发展呢。那就需要下各种功夫了。我想把我们在实践中坚信的基本必胜模式整理成 10 项铁则介绍给大家。

铁则① 从小处着手

一家店铺就能改变街区

无论在什么地区,总有出淤泥而不染的人。乍一看没落的街区好像一个人都没有了,实际上人却隐藏在什么地方只是没有看到而已。这些人从某种意义上来说即使是被当地社区看作是个麻烦,也在尝试经营自己的店铺,努力挑战做些什么。我们也在寻找这些需要帮助、以此为起点来实际推动街区继续走下去的人。聚集了大量市民的会议可能有助于理清问题、听取意见,但却难以找到实际动手解决问题的人。

一开始只有几个人也无妨。反过来说,想得太大对于在街区创造变化来说是适得其反的。在地区振兴事业中想要取得成果依靠的不是团结一致的大集团,而是下定决心直面孤独的少数人团体。即便是从一家商店开始,也能引发地区的改变。

下面就来介绍一个案例。

从现在算起大约十年之前，兵库县丹波市有一个叫柏原町的山区，在那里有一个对古民居再利用改造成意大利餐厅的项目（参与项目的加藤宽之先生现在正在共同运营 AIA 关西分公司）。项目目的是打造一家由高级厨师掌勺亲自制作生火腿，烹制正宗菜品的餐厅。不过因为资金有限，就召集了学生来动手改造房屋，并完成了室内装修。

开店之前，我们召集了当地人前来开了一个说明会，听到了相当多严厉的意见。他们说"在这个街区就没有谁要吃意面的""这个地区没有高品质店铺本就是因为没有需求嘛"诸如此类的。

即便如此，加藤先生也毫不犹豫地把项目推行了下去。要说结果如何，这个餐厅至今也在好好地营业着。我也光顾过，使用丹波当地食材的菜品毫不恭维地说确实相当美味。实话说当初我也在想怎么选在这样的地方呢，问了才知道不光是当地人会来，还有客人是特地从三宫地区开车来店里用餐的。

如果当时他们当真听从了当地"大嗓门"的意见，那这家餐厅就不复存在了吧。谁都是没有恶意的，当初如果我听说要在那里做正宗的意大利菜，或许也会从客观上答复很难实现的。然而下定决心要去做的人没有找任何借口，闷声打造了这个优秀的餐厅，开发了可口的佳肴，每天都踏踏实实地营业，所以才吸引了顾客前来，能够经营下去。

这样就会产生连带效应。这家餐厅生意兴隆后周边也开出了几个餐饮店。可以说这一家意大利餐厅俨然是那个地区"变化的核心"。能够实现持续经营的店铺会吸引其他店铺开张，这种现象积少成多就能改变街区了。如果人们从外地造访这里，那么多少也会对整个地区产生一些影响。

如今的日本除非是位于市中心的地区，否则根本就不可能大规模重建。即便有开发计划，如果没有与众不同且清晰的战略方针，那么也只会走向失败。当有想法的人在自己能力范围内促进街区的新陈代谢，街区就会一点点改变下去，而试图"一举逆转"只能说是幻想。

问题就出在上面例子中所说的，面对新的挑战时，大家会因为当地人消极的看法而产生顾虑，热情也会被削弱，因而什么也不做。当然了，新事业并不总是能成功的。不过什么措施都不采取就只能放任街区衰退下去了，所以说还是有放手一试的价值的。哪怕只有一个商店尽力去做了，那也是一个莫大的变化。

我认为很难在一切都还没成型的阶段就要取得他人的赞同，但是重要的就在于没有亲身实践就不要在被征求意见的时候做多余的发言。于我也是，在被征询时，对于自己不做的项目不轻易发表评价。

实际上很多时候不去尝试一下是没法知道孰优孰劣的，有一两个合作者出现的话，就要先挑战一下。这样的小挑战在街区此起彼伏，只要有一个能成型，就意味着街区的未来有希望了。所以重点在于地区上是否能允许开始尝试一些小挑战。

正如我在第一章中提到的那样，我们的熊本城东管理株式会社开业时只有四个伙伴。不过随着业务稳步推进，成员也一个一个加入进来，给予了我们许多提案，并切实开启了新项目。

"从小处着手"就是所谓"精益创业"（Lean Startup），也是当前的创业趋势。即使刚开始时规模很小，也先尝试着做起来。在当地培养起这种创业氛围的过程我认为是很重要的。

缩小目标范围

虽然在第一章中也有提到，在某个地方想要开设新商店时，认真确定方向比什么都重要。以餐厅为例，能否打出像"以年轻女性为目标群体的披萨店"这样明确的方针就决定了成败。这对于熟悉生意场的人来说就是常识。

实际上就算这样也是相当暧昧的，为了更可靠地获得客源，就需要将范围缩得更小更准确。比方说定下目标为"居住在当地的 100 个 30 多岁的人们光顾的商店"，就需要在开设商店前把这 100 人召集在一起举行活动熟悉起来，这样的准备和用意是必要的。

但是在社区营造中，往往可以见到概念并不周全的商店和设施。标榜着"提供一个当地人交流的场所"的地方就是这种典型，这句话等于什么都没说。这种提案者并没有明确使用对象的设施是谁都不会光顾的。最终在一开业就客流稀少，结果只能安静地关门歇业。

要点就在于强烈的个性，就是让用户产生"这就是我生活中缺少的东西"的感觉。

在当前时代，符合期望的应该是能营造一个聚集了小而个性化的设施最终能让许多人使用的环境，而不是通过一个大型设施去覆盖各式各样的需求。

集结多家个性商店

由于没有政府参与，因此可以专注于一个点来开展业务。

只要是使用政府税金推行事业，就不能只给予特定的人优待，这一点在设施和商店等开发之外也是如此。给予老年人优待则会有"年轻人生活太苦"的议论；给予年轻人优待则会遭到"福利不充分"的批评。因此不可避免地就会有建造"交流场所"的想法了。然而从本质上看，这也就成了对于什么年龄的人、具有什么属性的人都没特别必要的地方了。正因为从谁都能使用的角度去思考，才会掉入到谁都不必要来使用的陷阱里。

而以民间力量为基础就可以缩小方向和目标范围，不用考虑面面俱到。从小处着手，资金规模也要力所能及，就不需要搞得大而无用了。此外还能规避"大赚一笔，一举逆转"

这种类型的妄想，避免事情走向错误的方向。实际上只有政府才能融到资金的项目，让民间力量去做也是徒劳的。

此外，正因为是民间力量，"选择和集中"也顺应民主意见，这也是不能忽略的一点。

要说民间事业和公共事业哪一方更能采纳民主的决策过程，从我的实际体验出发那绝对是民间事业。

政府的决策基于政治系统应当能保证有一定的公正性，但是通常情况下，至少某些个案实际上往往是由决策者决定的。而民间力量运作时少数人一同合作，就必须真枪实干去探讨可行的方法了，也必然会在充分交流后做出决策。

就街区的多样性而言，我认为民间力量活跃在舞台上也有积极的作用。有人会说由民间力量来建设专用的设施、提供专门的服务是不是会把非目标人群排除在外。但是一个小小的新事业的起步并不意味着非目标人群在街区会难以居住下去。

从我的实际感受来看，我觉得只有民间力量率先行动，把小而多样的事物推上世界舞台，民主的进程才可能实现。即使一般来说大部分人是不需要特别的商店的，但是对于一部分人来说又是确实需要的。

比如说有 10 种品类，相比于在一个地方开设汇集 10 种品类的店，肯定是拥有 10 家专注于一个品类的店家对于街区来说更具有魅力。

地区内特色商店和设施等增加后，就会有更多样的选择，从总体结果来看就是惠及所有人了。重点在于对于街区整体来说如何创造出多样性。该对"通过一项事业做到面面俱到"这样表面平等的论调说再见了，并且要大量聚集多种对每个人真正必要的事物。聚沙成塔、积少成多对于实现一个居住舒适的街区至关重要。

要以集结大量特别的事物为目标反复尝试。这个过程会让民间力量更上一个台阶，成为推动街区变化的原动力。

铁则② 切莫指望补贴

依赖补贴的恶性循环

众所周知，近年来政府把地方创生作为重要的政策问题之一来对待。

为此，从地方政府到社区营造相关的补贴项目层出不穷，甚至是以尊重地方自主性的机制提供的。

乍一看这似乎是一个绝好的政策，特别是对于想要起步做些什么项目的人来说，看起来就像是"摆渡船"一样的存在。

然而事实是完全相反的，有百害而无一利。如同读者在

第一章所见，补贴就像是毒品一样，一次注射终身难戒，最终只能变成"废人"。

税收本来就是作为没有商业可行性的社会制度而存在的。补贴到手的一瞬间事业也就失去了本来的功能，没有人会为此承担代价，最终没有补贴就没法持续下去。

补助本来就有业务名目，像"这样做就能提升补贴额"的使用方法是最初就规定好的。这样一来，以获得补贴为目标后，大家就只会做政府机关推荐的事情了。

此外，补贴项目变成了以把其他地区的成功事例原样引入另一个地区为前提，即"用补贴来模仿一下相同的操作"这样的说法。总之就是推荐大家把其他地区的框架原样拷贝而已。

各地区有其不同的特性，"同一个事业，同一个成果"的想法是行不通的。拿了补贴并不表示万事顺利。

是否无视每个地区的问题的区别，以及组建队伍的资金和人脉区别等，只需要推动符合补贴要求的事业就能振兴街区了？看一下现在地方上的现状，结果不言而喻了吧。

不管分配了多少补贴，如果只有那些精于奔走把补贴拿到手的人能一时过得滋润些，对地区整体的振兴事业是完全没有帮助的。但是旁观者也会越发做出"补贴拿到就是赚"的判断，只会去推动补助项目规定的事业。在这个过程中，除了按政府制定的项目行事外，对于地区振兴自发思考的能力却会丧失殆尽……

可以说是陷入了"依赖补贴的恶性循环"中。

"吉祥物＝地区振兴"的错误理解

某些一次性的活动就是此类误解的典型。搭着"地方小吃"和"吉祥物"的流行便车，把资源全部投给广告代理店来开展活动，聚集了一定的人数后就当作是"成功"了。把人聚集到一起不能说是坏事，但是对于街区来说利弊不应该依据聚集了多少人来判断，而是要基于参加到项目中的经营者、提供了场所的不动产业主及公共部门获得了多少利润。这方面必须要严格验证。

无论活动办得多热闹，如果参加的人产生了业务亏损那就没意义了，用税金来填补亏损完全是本末倒置。而且即便人群聚集过来，如果活动结束就会像退潮一样散去，这就又没有意义了。就好比是用高额税金去买一瞬间的热闹。一项业务不能持续产生利润，那么就可以断言它作为振兴业务是徒劳的。

如同第一章所述，所谓振兴就是贯彻"通过商业推动经济，并在街区创造新的利润"。为此必须创建一种不同于常规的新结构。

能成为补贴项目模范的成功案例中有很多正是因为当时没有补贴才能顺利推行。因为在经营方面有认真的思考和反复试错,而并不是因为有补贴才有成果。我们的项目也是如此。使用补贴来拷贝那些不用补贴就产出成果的项目,那不过就是拙劣的拷贝而已。

比如说有个业务是通过为商店街制作海报来获得补贴。如果能制作出精美的海报,那当然就会有人因为感兴趣而前来。但是如果每个商店都没有自己的魅力,那未来是否还能持续下去就不好说了。

最坏的情况是,拿了补贴制作了海报后,成为话题中心的商店却在一个月后就停业了。仔细打听一番得知其实早就决定停业了,只是因为海报是免费制作的,所以等于搭了便车。这样的故事还有很多,不过就是商店街的组织和试图通过关系来赚钱的广告代理商联合起来,抱着"既然有补贴就做吧"的想法在推进。从这样的想法起步,在一部分的企业获利后就没下文了,这样的方法就能给地区带来新的利润吗,我对此深表怀疑。

为了避免悲剧应该怎么做

那么拿到补贴的人就开心了吗?也不能这么说。诚然补贴款是不需要归还的,这在事业的初期阶段就像是雪中送炭一样,对于只能用自己的资金和筹款创业的人来说是有利的,但这往往也会形成很大的风险。

正如铁则①中所述,先从小处着手,慢慢扩大规模,对于正在缩小的市场环境，这也是可以使用的创业方式。如果通过这个方法确实成长起来了，那么愿意出资的人也会增加，从民营银行等机构可以获得的贷款额度也会提高。反之，如果需要的金额超过了自己能拿出的资金和贷款额度的话，那就应立刻重新审视这个计划了。

为了贯彻只做自己力所能及的业务的原则，投入到事业中的资金一定要通过业务回收并返还。"所以才麻烦啊"这种话时有耳闻。确实是件麻烦事，也正因为麻烦所以才诞生了各式各样用心的创意和智慧。正因为是自己拿出来的资金，所以才会有一定要看到什么成果的决心。没有人会拿资金打水漂，因此计划才会更具体并且更具主体性。

而使用不需要返还的资金就不会面临这样的紧迫情况，因此才会在没有计划的时候照着补贴的日程安排启动项目，一转眼到了年末却面临关门的结果。就算做不好也可以用"哎呀，没有办法嘛"的借口搪塞，什么教训也学不到。这不仅浪费了税金，也不能给地区留下什么值得学习的东西。所以我们必须要认识到这种负面效果，地方创生重在和成果联系在一起。如果以过程是否愉快为优先，那么就很难取得什么成果。

追溯其源头，政府补贴来自我们缴纳的税金。以振兴为名，把税金像一文不值的毒品一样大量浪费掉不会让人们变得更为幸福。如今，无论在东京还是地方上，在民间组织和政府机关里，越来越多的人意识到这种现状的问题。

突然要改变政府机关的制度是不容易的，但至少那些想着要把事业先建立起来的人如果可以不依赖补贴就能开展工作的话，应该就可以引发更大的变化了。这既不是敬而远之的态度，也不是一味忍耐，而是最能让事业成功的秘诀。

我在很多地方都会讲这样的话，所以常常被称为"不依靠补贴原理主义者"。我个人觉得这是极大的荣幸。

过去我也有过几次依靠补贴行事招致挫败的经历，也正因为我还处在稍一犹豫立马就会有补贴销售上门的领域，所以我到哪都会说这句话。

铁则③ 寻找"同舟共济"的伙伴

初始伙伴两三人足矣

想在街区开始新的业务时，你认为募集到多少支持者才可以施行呢？

"地区的半数以上能够赞成的话"或者"当地重量级人物表现出了一定程度理解的话"等等，每个人说法都不尽相同。

只不过大部分人比起少数的赞同者来说更介意多数的反对者，也更容易因此动摇，想要没有反对者就要花费不少劳力。但是重点在于和伙伴一起努力，而不是消灭反对者。

当我们要做一个项目时，首先看重的是寻找能够在那个区域一起努力的能够从心底信赖的伙伴。无论面对怎样困难的境地，无论反对者有多少，只要有伙伴就可以启动项目做起来。说起来能够在轻松的条件下开展工作的地区基本上是不存在的，所以相比选择环境，更重要的是选择伙伴。

正如我在铁则①中表述的那样，伙伴不需要很多人，作为核心的成员两三人足矣。我开展工作的地区大致上会有一个原本就熟悉的不动产业主，接下来的一到两人大多是通过在当地交流谈话时找到有共同想法的人作为伙伴。

最近不动产业主以外和我意气相投的，从职业来说以餐饮店店主居多。不少人在当地经营着几个热门店铺，在这个过程中感受到了地区衰退的问题，以及对于以往的地方振兴活动感到了违合。能在竞争激烈的餐饮业界经营富有魅力的店铺，也就意味着对当地的市场非常了解。什么人需要什么东西、以这个经济规模可以开展什么样的事业、手头的资金是否可以取得扎实的成果，他们对于这些问题都是有实际感知的。

此外，餐饮店这样的服务性行业是当地经济不可或缺的一部分。地方经济的萎缩对他们来说也是生死攸关的问题，因为这也缩小了他们的增长空间。所以能够准确理解这个概念，并能采取行动形成事业的各地餐饮店店主的存在就显得非常重要。

对于是否需要土生土长的伙伴这一点，如果伙伴对当地能够有眷恋的话自然是好，但也绝非是必要条件。我们首先希望能找到具有好奇心和活力的人，这里面也包括有东京和国外生活经验的返乡人才，也包括可以从客观视角看待现状，具有"这样下去街区是否就会衰退"的危机意识并愿意挺身而出的人。

各地都有形形色色的人参与到地区振兴事业中来，但是我认为重要的在于不能以地方作为自己的退路，而是要在这个地方下定决心面向未来开展工作。光说着干吧干吧自己却什么都不做的人成不了事。抱着"寻找自我的旅程"的心态来到地方上的人也不合适。虽然信奉什么生活方式是个人自由，但是那些在开展事业时比起考虑自己能为地方做些什么，更优先考虑自己的人不适合作为事业上的合作伙伴。

两三人足矣，所以最重要的第一步是和能在地方靠自己来开展事业并正视地方的人开启合作。

"投名状"到底能不能把人团结起来

在地方上做点什么创新的事情并不能保证一定成功。世上大部分人只会支持看起来会成功的事情，对于看起来会失败的事情敬而远之，我认为这是很实际的。这就是为什么在创业初期构建小型团队人与人之间的心理联系，建立信赖关系是非常重要的。

如果一定规模以上的组织和步入正轨的事业想要更上一层楼，那么对于成员的选择，或许相比相处融洽来说更应以能力为优先。要以补足团队能力短板为优先，对于已经取得成果的组织来说，得到优秀人才应该也是可能的。

然而，万事在从头开始的阶段面对意料之外的现实往往无法顺利推行下去，在不断试错中逐渐修正最初计划也是家常便饭了。在这个没法知道正确答案的世界上，团队具有一定的灵活性是最为重要的。

对于这样弱小的团队，如果想着必须要召集到同时具有卓越能力和活力十足的人才的话，以这样的条件去找可能谁都不符合。"我也不知道会变成什么样，但是看起来很有趣，所以就先试一下吧"，只能是有这类想法的人，包括我在内，聚在一起努力才能推动一个事业的发展。

然而，在必须纠正计划的时候如果存在尚未建立起信赖关系的成员，那么就容易在方向性上产生对立意见。如果不能理性地看待问题，继而情绪激动地说起不该说的话，并主张自己的看法、大发异议等，这样下去是行不通的，团队也会逐渐失去动力。在可以说在全靠动力推动的创业初期，如果大家都开始遵守一种成员之间微妙的平衡感，那么连继续挑战的意义都没有了。

所以说只和绝对不会背叛的伙伴们在一起合作是极其重要的，这在什么样的社会里都是共通的。当事业走上正轨后就会有很多人赞同。毕竟搭乘赢家的便车是人类的本性，这是没法避免的。但是真正需要的是在成功以前的试错阶段能够共同跨过难关的伙伴，在精神上互通、可以一起开怀大笑的人。艰难时刻畏难而退和团队保持距离的人完全没法与之建立起信赖关系，并且与之合作也没法产出什么成果。

尽管非己所愿，但地方创生的工作还是很容易到处树"敌"，在初期阶段更为严重。在地方上开展不常见的事业时，一旦做大就容易招致不信任的看法，如果取得了良好的成果有时候又会招致嫉妒和眼红，要是抢了当地以前红人的饭碗又会招致更多批判。

正因为如此更不能单枪匹马上阵了。事业进展顺利也好，艰难困苦也好，都要同舟共济。一定要和值得信赖的伙伴互相鼓励，一同确定前进方向。这种关系我们常常称之为立下"投名状"。如果不能团结到这个程度，那么尤其在项目"黎明"前的严峻状况时可能就挺不过去。

此外构筑人际关系并不是一味交给时间就好了，和无法相处的人做再多的沟通也是徒劳。而也有人只需要几句言语就能引起共鸣，一定要重视和这样的人的相遇。最重要的是自己绝对不能背叛对方和开展事业的各个地区，在寻求这样的伙伴之前必须自己先能做到。

时间会渐渐解决地方上的摩擦，坚持就是力量。只要坚持地做出成果，旁人也会自然而然认同你。起步阶段是最艰苦的时期，因此相比说服反对者，更重要的是和值得信赖的伙伴一起努力。

铁则④ 不需要"所有人同意"

不要在"同意"之后才行动

社区营造工作有时会涉及大规模开发,时常会对当地人的生活造成影响。所以一旦要启动开发项目,政府就会召集村民开"说明会"和"工作坊",也就是所谓"公众参与型社区营造"。

这些活动的目的往往是获得所有参与者的同意。因此组织者会磨练自己促进与会者参与的技术,有效征求大家的意见,并寻求可能达成共识的要点。尽管这种努力令人敬佩,但是对于基于民间力量的小型地区振兴事业,这种手法难有用武之地。

如果可以达成全员意见一致,事业开展也受到欢迎,那么确实是愉快又美好。但是往往这样的事业寸步难行,因为全员意见一致不代表全员步调一致。除非是个极端的奉献者,否则谁都不会把自己的金钱或者汗水不明不白地花在大家达成了最大共识但是无关痛痒、不知为谁好的事业上。毕竟大家的计划不代表自己的计划。

以前我经常受邀成为地方政府主办的"社区营造工作坊"的讲师,不过最近我都会尽可能推辞。老实说工作坊在我看来太徒劳了。

这类的工作坊里常见的情景是这样的：分成几个组的人围着桌子，用大量的彩色便签来交换意见，最后把总结的结果做个发表。其他的组就交口称赞"太棒了"，或者提出"这里这样做比较好"的修正建议。各种意见交汇一阵热闹后，趁热打铁马上就去饮酒会，互相就地区的未来激情感慨一番。这真是又快乐又美好，但是也就到这里结束了。

日后去问一声"那个计划怎么样了"，却谁都不记得了，当然实现的可能性也就为零。关键就是相关者都沉浸在自我满足中，谁也没有真的为社区营造考虑过什么。我认为这种手法作为有趣的体验是可以理解的，但不该使用税金去做。

正如我在序章中提到的那样，我有学生社长时代的痛苦经历，认为地区振兴事业不需要"全员意见一致"。在公众参与型的社区营造中，也只是参加的一部分居民达成了合意，不是所有的居民都意见一致。这无非就是"表象上达成合意"，这些一致的意见可以说每个人都是在不想身体力行的心态下说出的不用担责的话。

如果是自己想要在地方上从小处做起的话，既不需要规划大型说明会，也不需要掌握华丽的演讲技术，毕竟这也不是要去建设水坝，也不用做土地规划整理。与其把能量白白浪费在这些地方，我认为不如思考一下如何发起对于街区来说必要的事业，并转化为新的经济流动方式，即便是摸着石头过河，通过实践得出结果也会更为有益。

纵观全球的民营事业，在达成全员意见一致后再成功的案例有吗？不管是街区上繁荣发展的小商铺也好，本田汽车公司或者苹果公司也好，都是从几个人把"想要做的事"付诸实践创业起来之后才有今天的。

许多卓有成效的社区营造项目也是这样。而先挨家挨户征询当地居民意见，只以取得统一意见为优先，还能获得成功的案例我是闻所未闻的。

做出决定的是经营者自身

当然了，也不是说因此就可以旁若无人了。自己想要做什么，进展情况又如何，我觉得这些都要尽可能公开，保证透明性。我们也会尽可能制作各地街区公司的年度报告，开展自由参与的说明会，只要居民有意见我们就会认真对待。

但是"最终由谁来做决定"这一点是绝对不能含糊不清的。必须由对业务负责的人来判断要倾向于什么意见，是否要采纳。正因为是桩生意，所以只有能够承担风险的人才能判断什么是对生意有利的。世上有万般意见，若不由负责人定夺就会乱套了。

就我们而言，我们会思考出适合自己的理论，并尝试每日提炼我们的新业务模式。在反复的成功和失败中改进，想尽办法让生意能维持下去，而成功的答案就在这个过程中。负责人，也就是经营者自身，必须要努力在未知中反复试错来找到出路。所以我认为不通过自己的思考而是向当地人寻求答案是缺乏责任感的。这好像是为了给自己留好退路，"既然大家都这么说了，那要是失败了也是没办法的对吧"。

我们所开展的业务规模也并不大，就算一败涂地也只是我们和不动产业主等投资人的资金损失罢了，绝不会导致一个地区的沉沦。如果取得了成果，并能形成连锁反应的话，那么地方上就可以获得相应的资金回报。总而言之，对于多数当地人来说，一些小型挑战虽然会带来实际损害，但是并不会造成额外的税金负担，这也是优势所在。

不能让赞同者搭上"便车"

我们也会主要面向不动产业主举办说明会和会议，不过这些活动与其说是为了取得大家的一致意见，不如说是为了在现场征集赞同者更为恰当。简而言之就是提供一个让大家表达自己的舞台。此后如果能留下什么好的成果，那么赞同者也会逐渐增加，这样就算很不错了。

不过这里面也有一些"陷阱"，一定要提防那些言听计从的人。对于赞同者来说必须要有自己的想法，要能负起责任。我们需要的赞同者不是搭乘"便车"的乘客，而是一起拉着"人力板车"的同志。

带着"我会按您的指示行事"或者"请您指教"这样的姿态做事是很难成功的。

必须找到能够平等行事，说得出"我来做这些事情，那些事情就拜托你了"这样的话的同志。无论成功失败都是自己的责任，倾向于服从别人的人在失败的时候也一定会追究别人的责任。

每当我开始做一个项目的时候，最开始一定会说以上这段话，而绝对不会说出"请交给我吧"这样的话。反之，我通常会严肃地说出"我能做的有这些和这些""想做的话就做吧，不过要有承担责任的思想准备""我不会强迫你这么做的""如果要做我也会全力以赴做出成果来"这样的话。

我已经做好了思想准备在那片地区投资并创业，也希望对方可以有相应的觉悟。有时候会有人误解为只要跟我说一声事情就会有结果，而遗憾的是我也并没有这样的魔力，抱着这样的想法去推进事业最终只会相伴走向不幸的结局。

为了改变坐享其成的思维模式，我们制作了"改变街区的10项决心"（见附录），简而言之就是在提倡"不依赖政府和第三方，自己的街区靠自己的力量来改善"这句很理所当然的话。这句话也不用我来说，相当多的人也是这么认为的，不过我觉得重新整理成语句分享出来是大有裨益的。

社区营造中人是关键，这句话时有耳闻。当然了，生活在当地的居民是肯定要考虑到的，但我觉得互相之间能够信赖、绝对不会背叛的合作伙伴才是重中之重。

铁则⑤ 通过"前置营业"确保可靠的盈利

寻找对于街区未来至关重要的租户

成就事业避免失败的诀窍之一就是要把"营业"放在最优先。

先对空铺动工改造,基于工程费来决定租金,再去募集租户,这可谓是最糟糕的模式了。这样的方式招不来有魅力的租户,因为租金会变得高昂。

反之,先从招募租户的经营活动开始,在确定了租户之后,根据它的业务形态和能够支付的租金反过来推算改造预算,这才是更好的方法。这样就可以自行挑选对于街区未来更有必要的店铺来入驻。顺序只差一步就有天壤之别了。

以营业为先而能稳定产生利润的典型案例就是位于爱知县春日井市 JR 胜川站前的商店街上,一家叫做"TANEYA"的再生型共享店铺了。如同文字所描述的(译者注:"TANE"是日语中"种子"的意思,"YA"可以理解为"商店、屋"),这是一个木结构二层建筑,也兼具住宅功能。曾经住在这里的一对夫妇去世后,就变成了一间闲置房屋,他们的儿子和儿媳当时对于这间房屋要如何处置也颇为烦恼。

他们就找到了位于当地商店街，为不动产业主提供服务的胜川商业开发公司，商讨这个住宅的活用方式。这家公司也致力于投资和有效利用商店街区域的不动产，社长水野隆先生也是自"商店街网络"时代就给予了我诸多关照的老伙伴了。

水野先生了解到我从 2010 年开始就在从事重新运用老建筑来开创事业，在北九州市小仓地区推动的建筑再生型社区营造的活动，以及在札幌市大通地区和当地的街区公司一起创办联合办公空间"DORINOKI"等经历。此外水野先生阅览了笔者将这些举措和方法整理之后与人共著的《社区营造最后期限》一书，也想在当地尝试推动不依赖补贴的新型开发模式，而后就联系了笔者。

顺便提一句，水野先生已年过六十，但是在胜川商业开发公司里却是最年轻的一位。其他成员都是 70~80 岁，他们各个气宇轩昂，是名副其实的当地不动产业主和投资家的集团。从我的角度看他们就像是《星球大战》中的尤达一样兼具智慧和财力的长者们，这样一群人投资地区的景象想来也非常有趣。水野先生虽已年过六十但依然事必躬亲，面对我们提出的一个个新方案他的立场是很受挑战的，但是依然毫无怨言地努力投入。

此外，在和水野先生及住宅业主夫妇商谈时，他们也提到因为商店街没有活力，所以希望尽可能把这个地方打造成能吸引年轻人聚集的场所。比如以正统的咖啡厅为主轴的餐饮类、吸引儿童和年轻人前来的教室类、利润率比较高的制造和零售类业态是否就很合适。改造的要点就是世代交替，以及从以往商店街标配的薄利多销形式的业务向高毛利形式的业务形态转变。大家对此兴致勃勃，准备大干一场。

团队成员各自分担了走访任务以找出符合这种要求的当地商店，最终选出了十三个候选人，再缩小到五人范围后最终确定。初始成员由一楼的咖啡店、二楼的儿童英语会话教室和瑜伽教室，以及印章制造销售店铺（两名）组成。

接着就是租金金额和改造相关的商谈了。支付高额的租金就可以进行细致的改造。但是建筑本来维护得就很好，各家商店也想充分利用难得一见的木结构住宅的风味，并且想压低租金，于是最终改造费用就只花了区区200万日元不到。当地小型建筑施工公司的河合忠先生对于解决这些难题及对此项目都做出了莫大的贡献。我们还拜托了在小仓的再生型社区营造活动中一起合作过的建筑家岛田阳平先生来把控整体风格，区分哪些地方需要着手改造而哪些地方不需要。

先确定租户，从租金收入中计算出支付给业主的部分，剩下的就算作投资回报。原计划于一年半内收回投资，如今正按部就班在推行中。单纯计算下来投资回报率有50%。只要运用现存的建筑，反过来计算并灵活用好，这样即便不依赖补贴也能确实获得丰厚的利润。

建立再投资的循环

如今胜川商业开发公司没有拘泥于"TANEYA"带来的

利润回报而止步不前，而是将利润投入二次投资中，开始在周边地区拓展建筑改造和全新开发项目。

即便是小型业务，也要仔细去做，让项目整体产生利润，并且不单是项目产生收益就好了，而是从小处产生能改变街区的变化。对于相关人员各自的事业而言，能获得真实利润至关重要。

"TANEYA"最让我震惊的是，尽管最初我们选择的就是营业能力值得期待的租户，但是实际上大家的营业额还是超过了预期。比如说一楼的"百时咖啡馆"的经营者除了经营这家店铺之外，周末还在附近的市场上出售自制的芝士蛋糕，以多种经营方式提升收益。此外二楼的儿童英语会话教室"海獭培优（Noracco Asset）英语会话"的学生数量一举超过 40 人，让人真切感受到这片地区高涨的需求。

更重要的是胜川商店街吸引了以前从没来过的顾客，并使他们满意而归。店主也都年轻，更是一个吸引年轻人来商店街的好理由。

尽管该项目为当地做出了贡献，公共资金投入却为零。这是民间的极少数团队走出的扎实一步。重要的不是补贴，而是前置营销，这一个事实是我觉得需要着重写出来的。

这个基本模式在任何地区都可以运用。想要让空置的店铺重新引来租客，光在门口树立"征募租户"的告示牌是不行的，在对建筑动手改造前先要让业主和街区公司的成员开展经营活动，先召集租户。并且这时候也不是谁都可以来的，而是要把范围缩小到对于街区的将来有必要的新业务形态里。在这个基础上，再聆听对方包括租金在内的期望，再在合理的范围内改造后提供出空间。

打个比方来说，不是要找能适合自己做的鞋子尺码的人，而是先找到非常想要来穿的人再去量足定做。这就是能改变街区的改造项目的基础了。

当然了，对于业主来说这也是大有裨益的。原本无法盈利的建筑物，现在不仅能够产生利润了，甚至还有可能成为给当地带来新气息的场所，他对前景应该也是乐观的。此外由于是使用民间资金推动的项目，因此就可以按照自己的计划表行事，速度也很快。这就是民间力量主导的优势了。

先确保投资回报，做好前置营销就不会犯大错。大的成功一定在小的成功之后。把经营放在万事之前，从小的项目开始扎实盈利，能够在街区催生变化后，应该就能看到下一步在哪里了。

铁则⑥ 坚持"利润率"

削减经费增加利润

2012 年在位于兵库县日本海一侧的城崎温泉，当地旅馆的年轻经营者们设立了一家名为"温泉之乡城崎"的社区营造公司。AIA的理事古田笃司担任董事参加了该项目,他们首先着手的是关于各家旅馆电梯和扶梯等维护的联合协议。就和第一章里提到的熊本城东管理株式会社签署的垃圾处理联合协议一样,只是换成了电梯和扶梯版。

以往每家旅馆与自己的电梯制造商附属的管理公司签订单独的合同,不过也有和制造商无关的其他独立管理公司。于是他们向几家管理公司询问了估价,和熊本的案例一样,他们发现了价格有很大的差异。

在这样的情况下,数十家旅馆就联合在一起,以比较低廉的价格与一家看起来维护工作做得很到位的管理公司签订了联合协议,通过这样的方式实现了管理费的削减。

这项事业在第一年实现了约400万日元的经费削减,并且和熊本的案例一样,一部分节约的经费又投资到了街区中,支持了城崎温泉吸引客户的新计划。

在吸引观光客的宣传活动中,日本全国各地的温泉都在绞尽脑汁地筹划自己的方案,所以不只是城崎温泉能够有成效,根据不同情况也可能没有想象中的效果那么好。如果只是各家旅馆独自为战,那就会招致损失了。

不过活用削减下来的经费投入到投资中的话,并不会对经营收支产生影响。反过来成功后来客增加,不仅可以实现经费压缩,甚至还能提升营业额。总之利润是会大幅提升的。把街区看成是一整个公司来经营,这种情况下削减经费也是最为实际的方法。

顺便说一句，我们之所以能够一举实现这项事业，也多亏了历史悠久的本地旅馆"西村屋"的经营者等充当了旗手并通力协助。这是由古田先生和西村先生为首的小型团队下定决心开始为这个街区带来改变的其中一项努力。

提升整个街区的利润率

我们所坚持的是"提升街区的生产力"。换言之就是把街区整体作为一家公司看待，提升它的利润率。用尽可能少的资源产出更多利润，再把利润投入到更有效的事业中去。

大体上有两种方法可以做到这一点。一种是改善不必要支出的设施管理类型，熊本、城崎等就是这一类；另一种是投资设备提升业务效率，"TANEYA"就是一个典型的例子。这在民营公司中很普遍，但是从地区振兴的角度看，却并没有很多人意识到这一点。

如果要选择的话，在资金不足的地区比较容易起步并且比较容易改善利润率的是设施管理类的方法。前文提到的"TANEYA"等改造项目是设备投资类型，但是不管做了多少前置营销，都必须承担一些投资风险。相对而言，成本的改善则几乎不需要初期投资。除了熊本和城崎以外，作为联盟的合作伙伴，札幌大通社区营造株式会社、盛冈的社区营造公司"肴町 365"等也在实践类似的"设施管理"业务。可以说无论城市或地区的规模如何，它都是可以在任何地方普遍解决问题的业务模型之一。

设备投资类型也注重利润率而不是规模

使用补贴的中心城区再生项目的主要错误之一就是浪费性的大规模的设备投资模式。典型的做法就是使用税收支撑在市中心建造大型的商业设施。以高端商业为卖点大肆宣传的话，在一开始可能会取得相应的业绩。然而为此需要付出的高额建设费用，也提升了设施的维护费用，自然而然压缩了利润空间，某些情况下甚至可能造成亏损。这时候项目再停业或撤出，税金就完全浪费了，对于当地造成的负面影响无法估量。在此情况下这种追求规模的投资就没有任何意义了。

重要的不是营业业绩，而是利润。并且讲求的也不是销售规模，而是利润率。地区所需要的投资是可以产生扎实利润的投资，是在万一发生最恶劣的情况时也不会造成致命伤的投资。

在这个意义上，即便销售规模远不及购物中心，"商店街"由于在整体上可以削减经费，以小规模的设备投资就可以提升空间附加价值确保利润，对于地区来说更有益。

以往在各地开展的"地区振兴"事业首要目标设定的就是"振兴"这种模糊不清的字眼，基本上很难有实际效用。充其量只是举办个活动统计下"来了多少人""卖了多少货"，结果喜忧参半。最终会陷入"如何增加收入"的营业额至上主义的思考方式中。然而在不断紧缩的社会里追求"量"本来就是有困难的。

最终要说还剩下多少利润的话,实际上时常有相当大的亏损。最终会造成亏损的活动就算召集再多人前来都不能称之为"振兴"。

这里缺少的就是重视业务毛利的意识,和适当缩减成本、把焦点放在利润上的概念,并且在推进的过程中要经常反复检验。只要还以"投资地区"为业务前提,那么决定性因素就是利润率。在企业经营中这是理所当然的事情,在社区营造中也必须以同样的方式思考。比如说丰田汽车为什么可以持续"改善"业绩?放在地方创生上,也需要认真思考。

首先要看花出去的钱。比如不动产就有维护管理费用等各种花费,是以什么样的合同形式在支付?颇令人意外的是很多业主对此并没有一个明确的概念。在经济上升期,销售额会不断增长,那个时候的经营者中有很多没有养成关注经费细节的习惯。因此现在还有人依然在继续向企业支付着老一辈签下的高额的管理费用,这些方面不重新审视就没法改善利润率。

营业利润率为5%的公司,经费削减100万日元就能产生相当于2 000万日元销售业绩的利润量。销售业绩一举增加2 000万日元虽然困难,但是重新审视一下以往没有注意到的开支，能削减 100 万日元，确保利润还是可以做到的。

如果削减之后还能增加销售业绩，并且改变业务形式能够投资成长型业务的话，那么经费压缩出来的部分就能产生更大的利润。总而言之相比销售业绩更要先关注利润，即便销售业绩减少，也可以看作是未来可用的一手方案。

集聚高毛利的业务形式

站在单个商店的角度考虑，利润率也是极其重要的。如前文所述，我们在为"TANEYA"寻找租户的时候，有意将传统的零售业商店排除在目标之外。

从批发商处购买产品并在商店中陈列的业务形式，其利润率不可避免会较低，毛利率为 20%~30%。当然了，我们并不是要否定这些店铺。但是对于地区商业来说，未来必要的是制造和零售及服务业领域的业务形式。店铺建筑规模小的前提下就更需要把范围缩小到小面积也能产生高额毛利的业务形式上。这是从生产力较低的中小型商业向生产力较高的中小型商业的转变。

以此为前提我们选中的就是咖啡馆、英语会话教室和瑜伽教室了。他们都有一个共同点，就是自己创作物品或内容并出售，也就是说他们是"制造零售"型的业务。各自销售额不高，不过毛利率也超过了 50%。即便销售额不高，但是加上附加价值就能产生高额毛利。这就是追求利润率而不是规模。只有这种集结了用较少资源就可以充分产出利润的商店，才是未来地区商业谋求的转变方向。

通过集结这样的商店，街区整体的结构变革也会更进一步。大量高利润率的店铺聚集在一起就能改善地区整体的利润率。并且小规模的店铺聚集在一起时，即便有几家离开也不会造成大规模的影响，只需要再鼓励新店加入就好了。

把利润循环进地方消费或者投入到社区营造事业中，这样街区整体的经营就会更稳定。小并不意味着弱，因为重要的不是销售规模，而是利润率。

铁则⑦ 不要让"收益"流失

为什么全国连锁店不可行

就像在胜川的例子一样，我们经常会和建筑的业主一同寻找租户。这个时候也会排除日本全国连锁的便利店和咖啡店等。想要振兴地区就要从事业和金融两方面去思考。

只从事业的角度思考，那么只要能产生利润，无论什么店铺都可以加入，如果能增加地区的便利性那就更好了。对于不动产业主来说，只要能够支付高额租金也就不会有什么怨言。不过站在地区整体的金融角度考虑时，这样就不可行了。

比方说在当地开设连锁咖啡店，因为收益会从当地流向外部的总公司，对于地区经济来说就是流失了。又或者说连锁的购物中心也是一样的。摆放在里面的商品大部分不是当地生产的，员工也都是兼职的，营业利润都会流向地区之外。

另外，最应该考虑的是投资回报率。比如说投资了1 000万日元开设店铺，每年有10%也就是100万日元的回报，作为事业的一部分再投入到其他地方，这样就能以复利的方式增加收益。运用得当第二年就可以产生1 210万日元，第三年就是1 331万日元……以二次函数的形式增长。

但是如果1 000万日元的原始资金是外部资金的话，当地经济就无法从中受益。这种连锁咖啡店和购物中心不管赚了多少钱，资金始终都是向外流出的状态，也就是说对地方而言在金融角度的好处充其量就是雇佣了一些当地雇员罢了。

从这个点上看，原始资金如果是当地资本，那么某个人的消费就会成为同一个地区另一个人的收益。将其再投入地区的新事业中收益就会在当地形成复利循环使资本增值。这就是能让地区经济富足的要点了。

在当地筹集资金

不仅限于全国连锁店铺，使用地区外的投资创业时也要认真考虑其中的深意。

比如说考虑开餐厅时，如果邀请地区以外手艺高超的大厨，最好是选择愿意在当地定居的。想把空铺改造成自己理想中的店铺时，如果选择与当地的承包商合作也可以实现资金在地区内的循环。

资金如果全部从地区外筹集，那么对于当地经济的好处也会骤减。由地区外的经营者承担风险，本地业主只收取手续费的方式也是一样的。虽然做起来轻松，但是脱离了街区公司的业务本质，金融方面的好处也就无从谈起了。不仅是当地的消费一味向外流失，如果资金再投资到其他店铺并且能够顺利产生收益的话，那么当地的资金流失还会加剧，当地的消费产出不断被蚕食。这一点通常容易被忽略，但是这种结构对于当地经济的影响是巨大的。

当然了，也不是说要排挤全国连锁店和由地区外资本投入的餐厅。对于沉寂的街区来说，什么资本来开店都是应该欢迎的。

不过重要的在于也需要凭借地方资本开设能够与之抗衡的店铺。如果能够形成良性竞争，那么对于当地经济也是大有裨益的。

不动产业主里还有很多希望把门面租售给有名连锁店的，我认为可以把一楼租给连锁店，相应地，二楼三楼可以转变一下，租给这些小型业态的集群是更好的。

最近全国连锁店和地区外资本对于在地方上开店的行为也持谨慎态度。在本来就与地方没什么特别关系，并且人口还在一味减少的地方投资本来就风险极大。即便是世界知名投资人，在投资日本的股票前也会造访日本，亲自购买投资候选公司的产品试用，或者对不动产实地考察一番，慎重如此。我认为未来地方上更需要的是，不依赖外部而是靠地方上的业务来谋求振兴的方式。

重新审视生协组织[1]和信用合作社的起源

实际上近来因为全国连锁超市撤出而陷入困境的地区并不少见。为了填补这种不便，有些地方居民就自发出资合开迷你超市类型的商店。乍一看像是苦肉计，不过以上文的观点来看，这样其实对于当地经济反而是有好处的。如果能够妥善经营，当地消费产生的附加价值也就能够保留在当地了。

但是其中有些项目是冲着补贴而来的，一定要看清楚了。

使用服务的人们自发出资经营整个供应链是从20世纪70年代开始，作为消费者运动的一环，以生协组织那样的形式开展的。最初是由赞同者共同出资，生产者制造必要的产品，再以自行购买的方式来支撑，保障供应稳定。

信用金库和信用合作社等与地方结合紧密的金融机构最初也是由当地的经营者们为了实现资金相互融通而设立的。

很可惜的是现存的所有生协组织、信用金库和信用合

1　生协组织全名为生活协同组织，是由消费者自己出资成为会员，共同参与运营与使用，服务于会员的经济组织。

作社很难说是实现了最初设立的目的。不过在审视这种合作业务的起源后，我注意到其中也有很多地方可以作为地区振兴事业的参考。或许现在正是重新审视地方合作社机制的时候了。

铁则⑧ "撤退线"应当在最初确定

每三个月检查一次业务

不管是开店还是做项目，常会有意料之外的赚不到钱或者一时亏损的情况发生。

这时候重要的不是一直梦想着"总有一天会好转的"并且继续放任，而是应该赶紧想想改善的方法，有时甚至应该早点放弃。不能产生利润要么是方向性有误，要么是没有做生意的能力。为了不浪费宝贵的时间和金钱，还是要尽早做出决定。

我认为应该以三个月为一个区间得出阶段性结论。就算是小型投资项目，最长也要在2～3年内收回全部投资，基本上第一年开始就必须实现盈利。

这种急切而又谨慎的心态往往会使周围人惊讶，但越是早的时候就越是关键。

如果一开始就没有取得很好的成果，就不可能再一点点扩大规模。从小处着手并不意味着甘于做小事，在早期回收几百万的投资，其后就可以一步一步扩大投资到几千万甚至几亿。因而初期要谨而慎之，一旦失败就必须立刻反思并做好再次挑战的准备。

当然了，做出退出的决定也需要勇气。旁人会有"这个人不行啊"的看法，也会指指点点，议论纷纷——"我就说吧！"但是怎么也比放任赤字对当地造成麻烦来得好。重新鼓起劲来，必然会有人看到你重整旗鼓的姿态，也一定有值得信赖的伙伴一起再发起挑战的。这时候再取得成果，别人就会刮目相看了。只要不是一味寻找退路，以长远的眼光尽早撤出也一定是个加分项。因此才需要选择"从小处着手"，在该撤出的时候也决不要犹豫。

预先设定撤出规则

在创业的时候比较重要的是合作伙伴间要提前确定好撤出的标准。一旦遇上需要撤出的时候再讨论"退"还是"不退"，那这个决定本身就迟了。

最让人烦恼的就是成功一小半的时候，特别是没到"重大失败"，却又没有达到当初的预期，仅仅赚到了一些小钱的时候。而人们往往容易被这些小钱蒙蔽了双眼，倾向于做出"再往前进一步吧"的决定。

这种时候是很危险的，最终会习惯了赚小钱并守着这三分利放不下。我也几次遇上过这样的状况，如今要不要放弃这样盈利微小的业务也是最难下的经营决定之一。所以说一开始就决定好一定的标准至关重要。

如果要做的业务表现不佳则应该尽早停下来，把时间用在对地区更有用的事情上。

如果收益低于预期，那就一定是哪里出了问题；如果业务没能扩张，也就是自己哪里没做好。无论自己有多坚信"接下来一定会盈利的"，或者周围有几个人表示自己"需要"这项业务，但是没能产生利润、业务没有成长就意味着其他大部分人认为"不需要"这项业务。我认为这时就需要虚心接受这个事实。

对于需要改造整个建筑的投资项目而言，三个月的时间确实不足以进行判断。即便如此，可能的话也应当要以在两年内，最长四年内回收初期投资为目标。此外，新造建筑时则以10年之内回收初期投资为目标。至于在更长远的将来，世界变得怎么样，自己变得怎么样，就没法预料了。连自己的未来会如何都不清楚，却说不到那时候就没法回收投资是很不负责任的。

绝对禁止"一举反败为胜"的心态

换一个角度看，早点放弃也有"广种薄收"的意思在里面。

有一种情况是绝对要避免的，那就是还没能有什么小的成果，就树立了远大的计划要一举逆转局势取得胜利，为此投入巨资就很难撤退了。这种项目从制订计划到实行需要几年到十几年，而回收投资则需要几十年，像这样的项目是不允许失败的，更不要说有谁胆敢提撤出了。就像建造大和号战舰一样，在建造完成的时候或许已经成为无用的巨物了。

对于处于经济紧缩的现在，这种周期长达数年乃至数十年的项目就不应该涉足。在过去能够预期几十年增长期的时候也许还是件好事，但现在全然不可同日而语了。

所以要每三个月检查一次，选择随时还能重新启动的项目来做。如果行不通要撤出，则累积的亏损也不会太多。正因为伤口浅，所以在撤出后还能保存实力继续其他项目。单纯思考一下，以三个月为周期挑战项目，那么一年也有四次挑战机会了。

从精神角度来看这样也更为积极。譬如打棒球，一年如果只有一次挥棒击球的机会，那就必然会紧张。毕竟万一遇上个奇怪的发球就"精疲力竭"了。而如果有四次机会，就能有"总有一发会击中吧"的想法。即便全部失败了，也能想着"还有下一次"。

此外如果有多个项目，我觉得相比同时并行推进，分时间段先后进行会更好。一段时间内集中推进一个项目是做好工作的秘诀。在此基础上每三个月做一次总结，再决定是继续该项目还是转做另一个项目。

顺便提一句，这一点对于初创企业也好，对于丰田这样的大型汽车生产商也好，都是经常被提起的。制定一个经过仔细推敲的规划方案，抱着满满的期待启动了项目，但因为绝对不允许失败的压力，反而容易退缩。如果一开始从简考虑，在短时间内先起步，不断改善推进，更能逐渐逼近正确的方向。这样还是不行的话就立马抽身想下一招，从结果看这样更容易成功。

这时哪怕决定了放弃，也不必全面撤出，无论如何都不必过度沮丧。做不好的理由有很多，但我认为可以先抱着"暂时搁置一边"的想法。

一旦到了可以冷静面对的阶段，再把千丝万缕都整理一遍，也许可以发现很多在"旋涡"中没有注意到的启示。

这本书里我讲述的过去的故事也大多是如此。当时虽然只是热血涌上头，不过十年后冷静下来就可以整理一番了。

就像腌制食物一样，稍微放置一阵也许味道会变得更好，也更容易卖出去。又或者腌好就忘记了，一直放到味道变淡了，这样其实也没什么不好，也就是那样一回事。

铁则⑨ 一开始不要雇佣专职员工

大部分工作可以由兼职员工完成

在一个地区推行项目的时候，我们常会在当地设立运营公司。把街区作为商业实体来看待，在明确资金流入和流出的同时赋予员工责任感。

然而不管是其中哪家公司，在起步阶段大多是一个专职员工也没有的。除了我们之外，还有不动产业主、商家、大学教师、公司职员和公务员（仅出资者）等等，大家各自有本职工作，作为本职以外的部分，他们会以业务委托等形式承担业务，一同创业。

这里面也有我自己的想法。

在初期阶段，业务上完全不需要处于"受聘"立场的人。当所有人都带着作为"股东"的主体意识加入进来工作，事业才能成立。就实际问题而言，在街区公司中没有什么必须某个人全年全职才能做好的业务。参加者可以以副业的方式共同做好的事业却有很多，拥有广阔人脉的人可以将销售与自己的本行工作结合起来推动事业发展，有良好本地信誉的人只要一通电话就可以让项目更好地推进，而擅长文职工作的人则可以在闲暇时间处理好各式各样的文件，以此类推。

雇佣一个专职员工就需要支付相应的经费。如果雇佣一个人的各项经费一年需要600万日元，那么把业务分成三份委托给三名成员去做，并且分别支付200万日元，这样的话大家的业务表现会更佳。又或者分成六份各付100万日元，甚至是分成十二份各付50万日元都是可以的。

但是说实话，与其把运营公司的利润投入到劳动力成本上，我更愿意用于再投资。重要的是增加改造好的店铺的员工数量，以及增加活用共享办公室开展业务的人员数量。如果以低效的雇佣形式来用人，对于街区公司来说并不能获得理想的产出。重要的是要在街区公司建立业务之前就创造用人机会。

虽然副业有时间上的制约，但是正因为有这样的限制反而可以更高效地运作。比如高效使用网络服务分享信息，并在短时间内通过视频会议交流。而如果走下策招了一个专职员工，把所有业务都交给这个员工去做，那么一旦这名员工离职，业务就可能没法正常运转。

简而言之，我认为"以副业的形式适当分担业务内容"在起步阶段非常有成效。实际上虽然有很多社区营造工作使用税金雇佣专职员工，但不能断言专职员工就比兼职的人业绩更好。重要的不是专职还是兼职，而是根据当时的业务内容，选择合适的人在合适的位置上分担业务的方式，并且高效推进工作。

重新审视"工作方式"

我会推介这种方式是因为早前在早稻田商店会受到的影响。如序章所述,商店会是没有专职员工的。取而代之的是,各种不同角色的人在不同的地方借由 IT 技术一边讨论一边推动项目前进,这在 20 世纪 90 年代的当时已经是理所当然的了。所以说即便在更大的事务所里也不需要全职的人员。不用一次一次见面做文书工作,基本上在网上就可以完成了。

如今任何人都可以使用到更快更方便且大容量的网络服务。从这个意义上讲,我们处于一个行政事务开支越来越容易削减的时代,毕竟没有谁不用网络吧。随着网络变得越来越方便,省下的时间投入到计划立案中的话,将更具生产力,也更有效。

实际上就我所知,在社区营造方面采取更先进工作方式的人对效率的追求更高。

他们会运用包括网络在内的一切可以运用的东西,并且不断融入新的生活方式,这对于任何行业的人来说应该都会适用吧。

正因为如此,他们才能在从事本行的同时也能做好社区营造工作吧。无论是商店店主也好,公司职员也好,都可以在自己方便的时候浏览一下网络并提取必要的资料,在需要开会的时候凑个时间开一个在线会议即可。这样就不会有什么不便。活跃在当地的优秀人才的 1 个小时,要比拖沓工作的人的 8 个小时来得重要。

夸张地说，这不仅限于社区营造领域，而是可能给日本的工作方式带来巨大的"回归式"变化。在江户时代，城镇居民中有很多被称为"城镇工作人员"（译者注：日语原文"町役人"）的人担任着政府的一部分工作。只是他们也不是全职工作，而是另有本职工作的同时理所当然地两边兼着做。但是二战后随着经济进入高速增长时期，劳动分工进一步发展，以一份工作为重点全职做下去的思想逐渐定型。如今也出现了一些采用其他工作方式也有效的领域，只要运用好 IT 技术，同时推进另一份工作变得完全可能了。

专心做事固然重要，但从好的意义上来说，使用这种能够有效利用业余时间、在几个不同的工作中都能取得成果的工作方式的人越多，也就越能推动地区振兴，也能让社会的公共性得以提升。

一个人一周全职工作也就只有 40 小时时间。五个人在本职工作之余一天能抽出 2 小时那么一周也能有 50 小时了。如果每一个人都是专业人士的话，在某些情况下可能会实现比一个人全职工作大好几倍的成果。

全新的时代将出现新的挑战，也就需要新的解决方案。而我认为新的解决方案也需要新的工作方式。

铁则⑩ 有关"钱"的规则要严格

早期避免从"不特定多数人"处集资

发展事业总需要资金。在起步初期就应该由所有参加人员投资。匹配资金和经营，为了取得成果就只能共同努力。

这也不是说要一下拿出几百万日元来。我认为根据囊中情况，以"不致命"的程度拿出原本打算花在兴趣爱好和旅行上的两三年的资金就可以了。实际上每个人拿出10万～100万日元就很妥当了吧。反过来说，确立事业计划时也要在筹集到的资金范围内行事。

在这种情况下，即便失败了一切归零，损失也是可以估计的。由于尚属"责任自负"范畴，因此不会对其他人造成麻烦。就像是赛马押注失利、高价购买了廉价古董瓶，或者就是家庭旅行告吹这种程度的损失。家人可能会对此投来白眼，那时就低头认个错吧。

即便如此，也没有人会喜欢自己的钱打水漂。基本上我也是个小气的人，只要出了钱就一定会拼命想着怎么能不亏损，这一点上所有参与者（出资人）都是一样的吧。

我屡次提到过，正因为是自己的资金，所以会认真投入到事业中，并且会提出许多想法并反复试错，也会更快作出上文所述修正计划的决定，大家也都能遵守业务分工。虽然说并不一定就能顺利进展，但是至少没有认真劲的话成功肯定就无从谈起了。

反之风险比较大的是积极从外部筹集资金的项目。有梦想固然好，但是更要先明白自己有几斤几两。不会有任何银行或者信贷愿意贷款给没有任何实际业绩的公司。筹款的交涉异常艰苦不说，即便运气好能找到投资人，以后也不得不事事详细禀告，业务发展不顺利时的压力也格外重。我认为与其在从"不特定多数人"处筹集资金的方向上投入额外劳力，不如先在内部筹集一下更好。

向见不到面的"不特定多数人"筹集事业资金可以说是风险极高。在这个意义上，我认为对于如今流行的云众筹的使用应当谨慎考虑。虽然也有人说着"当地没有人愿意出资"而立马转向云众筹，我还是对于因为没有当地人愿意出钱而去"不特定多数人"处筹集资金的行为多少抱有一些疑问。我觉得最初应该用自己的资金取得一些成果，第二第三次筹集资金的阶段再使用云众筹也未尝不可。

无论哪种方式，只要业务步入正轨，最终都需要从外部筹集资金，等到那时也不迟。比如说顾客数到达100人，想要发展到300人时就是增资或者从金融机构获得贷款的时机了。由于已经取得了一些实际成果，并且可以看到将来要投资的具体细节，就可以做出比当初更为细致的事业规划。我认为手里有基于实际数据的事业规划，金融机构也会认真对待，也可以给投资者作出更为清晰的提案。

换言之，无论顾客从零到一，或者想要增加到100人的情况下，都应该先用自己的钱做出些什么为好。

明确报酬的分配规则

没钱的状态固然辛苦，有钱了之后可能也会令人头疼。事业如人所愿运转，取得了相应的回报，即使其中的一部分用于再投资，也需要分配一部分作为成员业务的报酬，以及股东的分红等。

一般的企业在一开始就会签订细致的合同，或者有相关规定，但是小规模的街区公司就没有这样的规则。这样的情况可不少见：一鼓作气创业，并殚精竭虑让业务能够走上正轨，等到顺利推进后却发现实际上没有确定报酬怎么分配。

这里面多少会有纷争之处。不争个明白可能就没法安心地继续开展工作了。

在确定报酬的时候多少都会融入主观想法。往往会发生某个人认为"自己非常努力了，应该拿到收益的二成"，而其他成员认为"最多一成"的情况。当然了，这种情况当事人不会觉得愉快的。大家的士气一下子就低落了，也会变成纷争的起因，有些情况下甚至会影响成员之间的关系。

要防止这种情况的最可靠的方法就是预先确定分配比例。就我们来说，基本上在最初就已经确定好了利润分配比例了。想着"先赚了钱再确定吧"而推迟决议是最糟糕的做法。在事业开始之前就爽快地确定好就好了。

如果能赚到一定数额钱的话，就可清楚确定做这个业务的人分到多少，做那个的人分到多少，利润根据出资金额计算分红有这些，其他的全部用于再投资等等。有些情况下分红要在项目设立前三年内先冻结，全额用于再投资等。无论什么方式，只要在还没拿到利润前就确定好，就不会有后顾之忧，利润拿到之后再讨论就会徒生纷争。

合作伙伴间无论多深厚的信赖关系，对于钱都要另当别论。这样的做法可以说是"打着如意算盘"，但也是"未雨绸缪"。所以要在最开始就确定好基本规则，此后一年一次重新审视分配比例，根据当时的情况灵活应对就好。

确定分配比例后，一年间能拿到多少收入也在一定程度上可以预测出来了。这样的话成员们向着这个目标努力的动机也有了，对于生活规划也更为方便。

像这样无论什么事情，在一开始把和钱相关的问题确定好是不会有任何坏处的。关于钱的事情难以说出口所以先推迟不谈，最终反而会和合作伙伴争起来，有不少人最后就伤了感情。所以不应当"赚了之后再说"，而是基于计划在早期就商量好，这就是一个铁则。即便不说到具体的金额，也可以提前确定分配比例。

即便是交过投名状的合作伙伴,或者说正因为是如此重要的朋友,为了能够愉快地继续合作下去,在一开始就把和钱有关的事情确定好吧。

自立之"民"能改变街区

使基础设施由"花钱"变为"赚钱"

不向政府要钱,而是向政府"付钱"

第二章中说到的 10 项铁则的每一项实际上不只适用于小型社区营造团体。严格遵守这些铁则、不断努力的民间力量也具有在地方上改变公共设施存在方式的可能性。

迄今为止地方振兴未能取得成功的原因是政府把资金投给了在这个时代经济上难以收回的机制上。说是为了振兴地区,却建造了利用价值很低、华而不实的公共设施,既不能产生收益,也不可持续,就像是为办一次性的活动投入税金那样,所以还谈何振兴,反而加速了衰退。

不过这也不只是政府单方面的责任。放任这种问题发生并置之不管,未能自立的民间方面也是有责任的。

只要民间继续以"社区营造"等的名义使用国家和地方政府的资金来开展毫无回报的活动,地区的振兴就遥遥无期,并且这样还会扩大财政赤字,使得区域内收支情况更加恶化。即便尽了自己所能,最终也无济于事,越是努力越发助长了衰退的趋势,悲惨之极。

自立起来的"民"会从虽然小型但是能产生利润的事

业起步，持续做下去并逐渐增加数量，再把影响扩展到周边。对于资源不足的现今，采取这样积少成多的做法是最切实际的。

即便是很小的业务，也必须直面市场需求并且盈利，再投入到下一个事业中，并将利润返还给当地，这一点很重要。能够做到这一点的就是自立起来的民间力量了。现在是时候让"官"和"民"都舍弃"地方振兴是政府的工作"这样的想法了，而是要意识到需要双方合作把"公共"部分做得更好。以民间力量为基础，"政府"也放下以往的概念，彼此联手协作。

我最近一直致力于"公民连携（Public Private Partnership，PPP，指政府和社会资本合作）"事业。

我们所思考的官民协作不是"如何从政府那里拿到钱"，而是转换想法，站在"如何向政府付钱"的角度上，设立能够创收的机制，即使在不断紧缩的社会上也能由"政"和"公"一同守护"公共"的一种新思路。

迄今为止日本的公共设施大多是使用税金建设的。在经济高速增长期，人口和资本都会自然增长，所以光只是考虑"花钱"也是合理的。而如今已经是人口和资本都从地方流失的时代了，现今连道路和管道的维护经费都难以负担的地方政府正在增加。如果没法从国家那里拿到补贴，最后就会像夕张市一样面临破产的境地。这个补贴即使随着新政策的到来或许会有突发性的特殊预算，但是能够指望长期有补贴增加的时代已经结束了，往后会阶段性地逐步缩减下去。因此对于地方政府来说，公共服务也只能随着财政规模的缩小而稳步减少，最终处于半放弃状态。

不过即便是赤贫的地方政府，如果能够和民间一同选择"创收"的新方向，也可以不用放弃公共服务。这样虽然需要缩小规模，但不用受制于全国性的均衡紧缩，能够委托民间力量的地方就委托，在"盈利"的基础上再考虑提供新的公共服务即可。

要像这样支撑官民协作的模式，就要在改变民间与政府的固定观念的同时，还要依靠民间力量不懈努力地去贯彻第二章中介绍的10项铁则。

本章作为最终章，我想在介绍民间力量的自立事业如何改变了地方的公共环境，把破败的基础设施转变成"能创收的基础设施"的实际案例的同时，讲述新时代官民协作的模式。

向公共土地注入民间资本和智慧

约在岩手县的正中央，盛冈市的南面，有一个叫做紫波町的城镇。虽然只是一个3万多人的小城镇，但是2009年起在车站前面一带推动的开发事业"OGAL（译者注：当地方言中'成长'之意）项目"如今正作为官民协作振兴地区的典范吸引了来自日本全国各地的关注（图5）。

图 5 开发后的 OGAL 项目

该项目采用了和以往完全不同的机制开发、运营，并取得了丰硕的成果。

OGAL 项目最大的特征是政府大楼、图书馆等公共设施和产地直送市场、足球中心等民间设施形成一体，借助民间自主资金开发并运营。和政府制定规划、开发后外包运营的旧方式完全不同，OGAL 项目由民间来承担经营风险，筹集了投资家和金融机构等的投资融资，募集了租户共同经营。

通过这样的机制，紫波町市政厅将城镇拥有的土地出租给民间机构，并得到了租金收入。民间设施也创造了就业机会，通过设立产地直送市场扩大了当地农作物的流通途径，最终提高了农户的收入。总而言之能够切实地让城镇整体都更为富足。如今也有盛冈和花卷等地方的游客被这里充满魅力的设施吸引前来，地价也在两年内连续上升。

核心设施之一的 OGAL PLAZA 于 2012 年 6 月开业。城镇经营的图书馆和地区交流中心位于正中，产地直送的市场"紫波市集"、餐饮店、私塾、诊所等民间设施也入驻于此（图 6）。

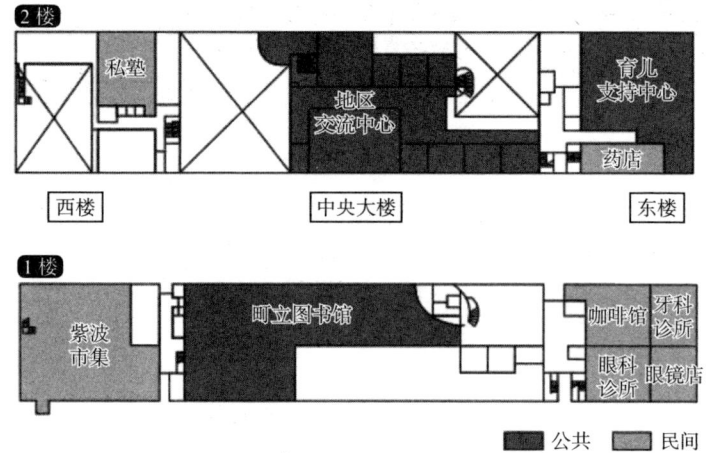

图 6　OGAL PLAZA 的楼层平面图

OGAL PLAZA 的建筑用地是 1997 年为了建造图书馆等公共设施，紫波町从县上买入的公共用地。紫波町在税收顶峰的时候购买了该土地，但因为随后的税收减少，久久无法兴建，因而除了用作堆雪场外实际上是被闲置的土地。民间公司OGAL PLAZA株式会社以业务用固定期限的土地租赁权的方式租用土地，从计划到开发一直到管理运营的所有事务都一手包办。开发所需资金由有志之士出资及地方银行的融资支付，未使用一分钱税金。

在这个项目中作为核心人物奋斗着的就是我的伙伴之一冈崎正信先生。为了继承当地建设公司家业，他从东京回到了家乡，如今担任OGAL PLAZA株式会社的社长职务。2013年，我和冈崎先生及担任OGAL项目设计会议委员长职务的清水义次先生一同开启了"官民协作事业机构"的新业务，在日本全国推进官民协作事业（图7）。

共有部分（道路、厕所等）各按专用面积比例承担维护管理费

图7 OGAL PLAZA的官民合建模型

在没有政府初期投资的情况下建设公共设施

民间力量运用公共资产的好处惠及政府和民间双方。

对于政府来说，在手头资金紧缺的情况下也能提供必要的公共服务，此外还能增加收入。

原本负债累累的紫波町不可能为了建设新的设施再去借钱了。即使建设起来后，如果不能增加收入，每年的运营成本也无力支付。

然而OGAL PLAZA是由民间力量筹集的资金建设的，只有其中一部分由地方政府租借或者购买使用，所以该镇也就不需要再借入大量资金来筹集建设费用了。此外这是在城镇所有的土地上，兼并了民间设施，所以还能收取租金和固定资产税，地方政府有望增加此部分收入。最终使得建设包含新图书馆在内的地区交流中心成为可能。这对于财政状况严峻的地方政府来说，是同时解决了初期投资和维护问题的突破性方法。

当然了，对于城镇居民来说也是一件好事，因为在闲置的土地正中建成了图书馆、产地直送市场和诊所等，让他们可以享受到更多姿多彩的生活。

如今政府拥有的土地和建筑等资产，据称在日本全国共有超过500万亿日元。以往这些全部依赖税金和借款等建造和运营，往往就会变成亏损膨胀的"烧钱的基础设施"。然而像OGAL PLAZA这样，活用民间的全新智慧之后，这些地方也不再是"烧钱货"，而是具有变成当地全新的创收支柱，成为"盈利的基础设施"的可能。

形成兼具市场性和公共性的设施

对于民间来说,这种开发手法也是大有裨益的。长久闲置的土地上即便突然出现了大规模的商业设施,也是没有租户愿意在里面开店的。即便是使用补贴来开发,如果采取以往的做法也一定会迎来惨败吧。关键就在于首先要巩固不以"消费"为目的的客户的数量。镇上的人会为了各种手续或者查询东西而造访公共设施、使用公共服务。谁都不会去堆雪场,但是如果眼前就是一年有10万人次以上访客的图书馆的话,就会有人愿意在此经营咖啡馆或者诊所了。如果可以预期会有这样的店铺,那么就可以由民间力量来开发设施了。

从民间资本的角度看,公共设施的使用者就是顾客。而正是因为能够实现这样的结合,才得以开发单纯的民营设施所不可做到的业务。

当地大多数人需要的设施和服务都具有公共性,又需要保障市场性,以后也必须基于兼具公共性和市场性的考虑去推动设施开发。

通过民间开发优化规模

由民间而不是政府开发的主要优势之一就是建设规模的适当化。

比方说政府在开发设施时，会先将建造方式需要确定的"样式"承包给顾问公司。这个时候通常会囊括各种来自当地的意见，最终变成不符合当地实际情况的豪华样式。比如说宽阔得没有必要的通道，以及位于寒冷的地方却设计有巨大的门窗等。另外公开招标通常比民间发包要贵两三成，因此开发成本就会不寻常地上涨。

此外，在委托著名建筑师设计"独特作品"的时候，也可能会有当地建筑业者没法建造，而只能由总部位于大城市的承包商才能建设出来的情况，这时候就如同第二章所述，业务费用不会留在当地，大量的开发费就基本全部流到外地去了。

甚至从运营角度思考，过度豪华的建筑物会产生高昂的空调费等运营费用，全无一点好处。

然而如果自立的民间力量能够承担起风险，以更为现代、更适合自己的方式担起开发大任，这些问题就迎刃而解了。

这种开发方式和以往由政府主导的开发流程是完全相反的，要在最后确定样式。与"外壳"相比还是内容更为重要，也就是要优先确定入驻的租户。第二章中铁则⑤所述的"前置营销"在官民协作事业中也能起到作用。

在 OGAL PLAZA 的开发中，冈崎先生实际上是在花了一年半时间做租户营销，直到确定了设施的所有租户之后，再重新考虑建筑的理想形式，最终从原本预定的三层楼的钢筋混凝土结构大幅改成了二层的木结构建筑。

对于一开始就要确定样式的政府开发方式来说,这样的过程是不可能实现的。

那么为什么会有这样的变更呢?是因为在确定了所有租户和他们各自能够支付的租金后,明确了按照当初预定的建造预算没法在 10 年内收回成本这一点。原本的计划不能收回投资,银行是不会融资的,所以只能重新修改。

这才是民间的力量。换句话说,之所以强大是因为民间力量无法推进不合理的事业。

而如果是政府的话,就可能勉强从国家那里拿来预算,无视投资回收的概念使用自己的信用去借款,拼尽全力按原计划建造建筑物。然而民间力量是做不到这一点的,正因为做不到这一点,所以才需要更智慧的方法。

在 OGAL PLAZA 从钢筋水泥结构换成木结构时,负责整体设计的松永安光先生邀请了东京大学农学部的稻山正广先生一同参与对于结构的思考。最终他们设计出了以农户的仓库为原型的独特结构,对于当地的小型建筑公司来说也是可以施工的样式。通过引入这样的新技术,建筑费用也成功地大幅削减。正可以说是困境中创造出的智慧。

像这样通过反向计算设立计划的形式,能够修正过大的建筑样式,保障了真正必要的功能和符合经济结构的收益能力。建造符合自身能力的设施也能免去无意义的运营费用,相应地也能够充实公共服务本身。

紫波町凭借民间智慧最终实现了图书馆建设开发费削减两成以上，维护费用也得以降低，省出了诸如图书购买费用等原本必要的预算。

放眼日本全国，甚至还有这样的案例：好不容易建造出来的图书馆，却因为建设费和维护费用过高，用于购买图书的预算只有图书馆整体预算的一成不到。这就是本末倒置、荒唐之极了。重要的是公共服务，而不是公共设施本身。如果由民间力量优化开发规模和内容等，不仅能够削减政府预算，最终还能充实公共服务。

运用优势的"针孔营销"

2014年，有个不同于"OGAL PLAZA"的名为"OGAL BASE"的设施开业了。这是一个以符合国际标准的排球练习专用体育馆为中心，附属有训练设施和商务旅馆等的独特设施。

该案例比 OGAL PLAZA 更进一步，设施整体都由民间资本"OGAL BASE 株式会社"来规划、开发和运营，连体育馆都是民间开发并经营的。其法人代表和 OGAL PLAZA 一样，由冈崎先生担任。

这里最有趣的既不是棒球场也不是足球场，更不是多功能体育馆，而是铺设了国际比赛专用地板的排球练习专用体育馆。附属的商务旅馆在假期是排球队的合宿场所，在工作日则是面向商务人士的旅馆，运作效率相当高。

为什么不是棒球场或者多功能体育馆之类的呢？单纯是因为竞争过于激烈了。与其在竞争残酷的市场里挑起消耗战，不如建设成稀有的设施，反过来更能吸引日本全国各地的人前来。

此外法人代表冈崎先生也是一个排球通，他的家族企业建筑公司甚至还有一个排球队。冈崎先生的相关熟人中也有很多是排球协会的，可以说具有面向日本全国营销的优势。排球专用练习体育馆可以说是完美贯彻了铁则①"从小处着手"所述的"缩小目标范围"，甚至缩小到了自己的优势领域。

谈到体育馆，大抵上地方政府就只会建设供"大家"使用的多功能体育馆，因为这样谁都不会有怨言。然而这样的设施在附近多如牛毛，没有人会舍近求远。这种多功能体育馆对于振兴地区或者振兴体育来说就是不合格的设施。不过即便如此，抱有"建造了 OGAL BASE 这样特殊目的的体育馆后就万事大吉"的想法也是欠缺考虑的。

设施建造好之后并不会自动吸引使用者前来，理所当然是需要营销的。如果不对目标人群做推广营销，那么谁都不会前来。所以在 OGAL BASE，冈崎先生就选择了自己拥有丰富的知识面和人脉、容易推行业务的排球。在小规模创业时，最大程度利用自己的优势很重要。

我认为这是越在偏远的地方上越有效的策略。与其建造不上不下的多功能设施，不如彻底缩小范围到推行事业的团队所能营销的领域。

我们称这种手法为"针孔营销"。这样的思考方式通过将目标彻底缩小到针孔大小的市场，反过来扩大商圈，实际上作为商业活动来说可能是有很大前景的。

无论规模如何变化，基本原理都一样

如今紫波町已是一年有 80 万人造访的城镇了，甚至有推测说 2015 年可能要超过 100 万人。民间的资本和智慧注入了原本只有堆雪场的土地后，成功地建造出了魅力四射的公共空间和商业服务中心，增加了地方政府的收入，并且创造了就业机会。

我和冈崎先生初次见面时，他正在推进盛冈市一栋小楼的建筑再生项目。我还记得当时看到尚是荒地的 OGAL 项目建设预定地点时还抱有"开发这里真是够呛啊"的想法。然而看一下接下来的发展，结果就不言而喻了。

无论是小型事业还是涉及公共环境的一定规模的事业，在贯彻 10 项铁则这一点上都是一致的，都是连贯的。城镇上的小规模的项目不一定只停留在小规模上，集结在一起也能极大地改变城镇本身。

成长起来的 OGAL 项目吸引了来自日本全国的许多视察和学习的访客。我们 AIA 也承担了接待访客等的支持工作。而 OGAL 项目视察费的一部分会保存为下一项投资的资金，此外也以捐给图书馆作为图书购买经费等形式运用到了提升公共服务的方向上。

如今 OGAL 项目的策略方法已经跳出了岩手县当地，通过官民协作事业机构开始应用于其他地区。一个小镇的项目改变了整个城镇，更如同星星之火燃遍日本全国。

从中可以看出 OGAL 项目也绝非特例，而是一个广泛适用的方法。或许再给个十年，由政府来建造公共设施会变得反常，而民间力量建设公共设施为政府所用变得寻常的日子就会到来。社会变革都只能从一小步走起，官民协作也是同理。

政府和民间有紧张感的协作

小小的努力将改变制度

为了在社区营造中最大程度运用民间的智慧和力量，政府和民间需要在保持紧张感的同时紧密地合作。

前文提到的 OGAL 项目在起步的时候，紫波町设置了一个名为"公民连携室"的专属部门，负责公民连携基本计划的制定、城市规划决议的变更等，以开展民间顺利推动事业进展所需要的业务。这一些也有赖于前町长藤原孝先生

（2014年2月任期届满时卸任）的决策能力和实行能力。

OGAL项目之所以得以实现，可以说是在官民协作中实现了理想的职责划分，其中有关金钱的部分，民间以自立的形式开展活动；而政治系统和政府则承担了放松管制、制度变更和民主的程序。

这样公民连携的项目无论规模大小在日本全国各地都在持续增加。其中很多是以民间力量主动发起，和政府合作的形式在开展，从而推动了社会制度的变化。

例如遍布日本全国各地的利用道路的地方振兴事业。关于使用最为重要的公共基础设施，也就是公共道路，会涉及道路法、道路交通法等各式各样的法规，以往民间力量是无法如此简单使用的。

正如序章中所述，在担任商店街网络株式会社社长的时候，我就一直为"在日本全国衰退中的商店街要如何盈利"烦恼。那时候作为新业务，我在商店街的某条道路上开始了广告宣传业务。而契机就是某天我观察到购物中心到处有新商品的宣传和企业的广告，就想到那是否应用在商店街就可以赚到广告收入呢？这还是2003年时候的事情。

我们和广告代理店作了一番交流，并且也制订了计划，但是当和地方政府及警察交流时就只有一句"这可不行"，毫无回旋余地。比如"使用道路会给其他要过路的人造成麻烦""太危险了""公共空间不该用来做赚钱的事情"等，他们的回答都是一些大道理。

然而就实际问题来说，街区的道路上并没那么多人，并且还有很多汽车禁止驶入的行人专用道。在拱廊顶部和立柱上张贴设计过的与街区和谐融洽的广告也和扰乱景观的违法告示板完全不同，倒不如说能够给街区带来统一感，给人以积极的印象。欧美国家通常会在街头的长凳和告示板等室外设施上做广告，即使是对于景观管理非常严格的法国也是例外地允许统一的广告。

因此我决定将其提议为商店街振兴政策。具体来说，就是我向统管商店街振兴事业的中小企业厅商业部门提交一个放松道路使用管制以用于实验性事业的方案，并联合日本的国土交通省，在日本全国各地开展了"社会实验"。首先是在札幌和仙台等大城市的市中心开展，根据实验结果详细审视需要注意的地方和开展事业的要点等，一边修正路线一边扩大实验范围。

随着实证结果的积累，道路使用相关管制的放宽也分阶段实施了起来。如今称为"区域管理广告"的方法，也就是广告收入的一部分作为地区振兴财源的方法已经成为一种常用手段在日本全国推广。

我们没有像过去那样把制度、规则的变更、设立等全部交给国家和地方政府来承担，而是由自己提出必要的事业方案，积累小型事业经验，修正应该修正的地方，打消疑虑、稳步前行，就能最终改变制度。

各地活用公共土地的举措

AIA 的合作伙伴遍布日本全国各地，他们也在做出比先前所述区域管理广告更进一步的努力。

比如说在札幌市的大通地区，就在道路旁建设店铺并开始了经营。2011 年日本国土交通省基于都市再生整备计划放宽了道路使用限制后，当地政府和札幌大通社区营造株式会社合作推行了名为"来窗台坐坐吧"的商业设施，这也是放松管制后的第一个案例。札幌市地下街道发达，街道上有相对宽裕的空间。就是利用这一点，通过开设店铺给街区带来了新的要素，产生的收益也会重新投入社区营造事业中得以循环。

此外，重建中的名古屋站前地区，用于建筑工程的临时围墙被用作广告媒介，露天场所也在举行促销活动。这些活动的背景也是基于名古屋市的道路利用活用部门放宽了道路管制，以及对室外广告条例的灵活运用。这些事业都是以民间组织名古屋站地区社区营造协议会作为主体实行的，这些社会实验事业涉及的经费也都来自广告事业收入。以往由政府拨出预算推行的社会实验事业如今也可以在放宽管制后通过产生的收入由民间来实施，这在不久前是不可想象的。

公共道路的活用对于创业者的支持也在发展中。除了第一章中介绍的熊本的"种子市集"外，现在很多地方都有每月一次的公共街头市集。街头市集如果能够实现一定程度的销售额，再活用一下周边的空置不动产，就能期待像

TANEYA一样开设共享店铺了。如果我们还停留在要贯彻"禁止在道路上从事金钱交易"的过往，这些都是不可能实现的。

民间严守放松管制后的规则，在这之上还要创造出实际成果，而政府则为了支持民间的活动，推行放宽管制。这两种姿态结合起来，10年前所不能做到的事情也逐渐变为可能。这些就是日本全国这样的小举措不断发展，最终改变了国家制度的实例。

自立的民间力量由政府来支持

就如同在道路活用案例中所知，对于未来的政府来说，需要的就是尽可能支持民间在可行范围内做想要做的事情。

上文介绍的地区设施管理和改造、街头市集、使用当地材料的制造零售业、公共设施和道路等的灵活运用等，都是民间想要去做，并且在不依赖政府资金的条件下去执行实现的。如果政府不是以预算的方式提供支持，而是在可能的范围内放松管制，让民间力量更便于活动，那么这些事业也就能变得更加活跃吧。

在经济扩张期的社会中，政府的作用是限制无秩序的扩大开发，让民间遵守规则。然而对于经济紧缩期的社会，政府在振兴事业中的作用就产生了变化，就需要先创造一种环境，让民间力量"想要做"的事情转变成"能做"的事情，并且要比周边的任何地方政府更快更积极地实现，可以说是这片地区在未来制胜的条件了。

这不仅限于大幅度的规则和制度等的改变，也可以通过活用政府职员独有的技能和人脉关系来现场支持当地的"为了创收而做出的努力"。

比如说，从中央政府办公室到地方政府，政府职员擅长的工作就是文件准备和政府办公手续了。

在政府办公室，有许多表格是用普通人所不熟悉的独特用语和格式填写的。对于民间的经营者来说，通过制作繁杂的书面文件来告示事业内容以申请许可等，会格外地消耗时间和人力。这时候如果政府方面有人可以在理解了事业的意义之后，在书面文件制作和申请手续等方面提供帮助的话，民间经营者就可以把更多的精力投入在事业内容而非手续上了。

除了制作文书的能力，灵活运用政府部门的信誉及与当地媒体的关系，政府人员还可以承担"公关"的角色。与民间经营者一同制作新闻稿，并分发给驻扎政府办公室的记者团。光这样就可以让民间经营者的一些小举措能够刊载在当地的报纸和宣传杂志等上面，从而帮助该活动一举成长起来。

我认为正是这种不易看到的细微之处的支持，才能够取得相比大额补贴更好的效果。至今为止我所涉足的事业中也以这样的方式获得了许许多多来自日本全国各地的地方政府职员的大力支持，所以很能体会到其中的珍贵与感激。

这里提到的也仅仅是一个例子。即使地方政府不具备以组织的形式与民间团体合作的体制，单个政府职员也有很多方法可以运用自己的专业技能和政府的公信力来支持当地人的行动。

然后在政府的稳定支持下，当民间团体取得了一定的实际成果时，以组织形式合作也就变得可能了。尽力培养民间力量，促成组织之间的合作，也是未来政府职员的重要任务之一。

政府和民间如果能够不依赖金钱而是凭借技能和智慧形成互相支持的关系，能够建立一种保持稳定的紧张感的关系而非依赖关系的话，那么就应该能共同营造出创收的街区了。

由民间主导来改变街区

从市民"参与"到市民"执行"

民间主导、政府参与的社区营造的关键在于当地的市民。

对于不同于以往的事物，多数人会表示担忧。如果不了解本书案例的人听到要设立新的民营公司、从银行贷款在公共场所开发商业设施这样的事情，一般都会表现出不安的吧。

"公共设施的建设还是让政府来做更让人放心吧""民间机构来做是不是服务质量就要下滑，价格就要上涨""要是有点什么事了谁来负责呢"等等，要担心起来就没有底了。对谁来说新事物都是可怕的。

本书中推荐的由几个人设立的能赚点小利润的那种微型街区公司，有时候也仅仅因为是"新事物"而会被当地人们视作是危险的团体。

其背后的现实是市民本身不信任民间力量。这难道不正是因为在迄今为止相当长的时间内，持续开展的都是由政府主导的社区营造事业，使得人们不认为自己能够发挥好公共作用吗？嘴上说"政府不行"，自己又没有取而代之的想法。能够对政府提议"那样的事情就别做了，接下来的我们自己来干"的人仍然少之又少。

然而对于将来的社区营造来说，需要的不只是市民"参与"，而是市民自发"执行"。需要的不单是批判或请愿，而是通过自己的双手自给自足的自立的态度。我认为通过高度公共意识和自立的事业手法相结合来推进地区振兴的工作会是未来街区变革的关键。

事情交给他人而自己只是抱怨那是不难，若成为当事人之后就不得不绞尽脑汁去思考了。万事都是在最紧要的关头决定成败的，那一刻就能催生智慧。当然失败是不可避免的，此时不要放弃，在不断试错中一定会迎来好的成果。

来创造"僵尸企业"的替代方案吧

迄今为止提到"政府和民间的合作事业"就会让人想到所谓的"第三部门"，即政府和民间双方共同出资设立的公司。不过这与我们所思考的能够创收的街区的营造方式是完全不同的。因为这样不是民间在盈利的同时惠及政府的关系，而是一种资金从政府流向民间机构的机制，资金的流向是相反的。

"第三部门"在日本全国有很多，大部分是亏损的。

我们也经常会遇到"第三部门"重组相关的商谈，但是在我们明确给出了改善方案后，也没有真正尝试执行的。业务状况不佳且无法改善经营的公司本来就该快点关闭重组，但却就这样放任继续亏损。

这是因为政府和民间谁都不想承担这份责任。继续这样下去，不要说给街区带来创收了，只会有损失持续扩大的负面效果。这样就活像是行尸走肉。相比做不好搞出亏损来，不如就做个不会动的木乃伊也好，但是连这样甚至都做不到。

地方上的问题在于当地根本没有能够真正承担街区事业的民间公司，政府也打心眼里认为"那样的公司不行的"，最终却只能凭借这样的僵尸企业去推行各种各样的事。

能打开这种局面的也就是民间的力量了，民间可以采取和僵尸企业不同的代替性的行动。

就算感叹现在的组织不行也不会带来任何改变。既然没法改变僵尸企业，那最好的方式就是在当地设立完全不同的组织来应对挑战。正如我一直所言，最开始可以从小处着手，自立的民间组织成长起来之后，也就给了官民协作一个推进的可能。

我们也是一样，即便当地已经有了一个作为"第三部门"的社区营造公司，我们也会另外设立一个民间资本投资的街区公司，自立推进事业发展。因为这样，政府也不需要拿出多余的预算，凭借自立的民间组织还能尝试多样的方法来振兴街区。

只要走错一步，民间和政府就会立刻陷入不牢靠的依赖关系中。在这种意义上，官民协作也可以说是一种极端危险的关系，必须要带着紧张感去对待。若非如此，自己也可能堕入僵尸大军中。请务必牢记，要在保持财务独立的同时，始终保持自律。

从"指定管理"到"民间经营"

不仅是在"第三部门"，政府机关和民间机构的合作事业中也经常会使用到"指定管理制度"。从名义上讲是将民间的诀窍和想法运用到公共事业，同时实现针对设施的富有吸引力的经营。然而实际上却多变成"民间依赖政府预算"的情况。

"指定管理"从民营角度来说就是"外包"。比如说由政府管理运营的某个设施，每年的维护费用需要5亿日元，而采取招标的形式试图以4亿日元的方式委托民间机构，这就是"指定管理"了。

为什么民间来经营会更省钱呢？这其中当然也有开展业务效率更高的因素，不过最重要的理由是"能够控制人力成本"。不管在日本什么地方，公务员都是高收入群体。除开一些大企业的分公司，大部分地方民营企业的职员平均工资是低于公务员的。也就是说相比由公务员来运营设施,民营企业可以削减成本,自然也就省钱了。

为设施招募新的租户入驻、开展收费研讨会、削减电费等,如果能够改善收支的话,把业务外包给民营企业也是有价值的。但是在很多情况下,由于政府部门在招标时制定的规则,无法自由地改善业务内容,因此反而可能会招致即使不合理也勉强接纳条件的地方企业、当地的"第三部门"和地方政府的关系团体来承接。有时候为了支持这些团体,特意要外包出去,可以说是极为不健全的结构了。

这样下去不但无法实现公共设施为街区带来利润的机能,目标只停留在削减成本上,而且更糟糕的情况是直接演变成官民勾结的关系。

但是如果政府可以灵活运用规则,把公共设施交给富有活力的民间组织,那么公共设施也会变成富有创造力的场所。实际上日本各地这样的实例正不断冒出来。

比如在东京都千代田区,有一个活用已经废弃的中学校舍改造而来,名为"ARTS千代田3331"的设施。一家民营企业向地方政府租下这个公共设施,在支付租金的同时作为艺术中心经营。这就和"指定管理"不一样,是民营企业租借下了整个废弃校舍,并且支付了租金在运营。建筑物内入驻了共享办公室和咖啡馆等多个商户,通过创造活动空间并出租等方式提升营业额。扣除租金和经费后剩下的资金会活用于支持对艺术家开展主题展等活动。

此外，在新宿区有一个"东京玩具美术馆"，也是民间团体租借废弃校舍加以活用的案例。那里正在开展一些划时代的活动，比如用从全国收集来的木制玩具搭建成了一个游乐场、培养玩具指导师等。

在北海道的新冠町，有一个用废弃校舍改的名为"太阳之森迪马乔美术馆"的独特的美术馆。这里展示着法国的幻想画家杰拉德·迪马乔（Gérard Di-Maccio）的作品，不过经营者是从网上通过拍卖拿下废校才开始创业的。像这种以以往没法想象的形式活用资源的例子也逐渐出现了。

从这些实例可以认识到，比起基于指定管理制度、收紧管理来说，放宽使用条件，通过出租和出售的方式，运用民间智慧自由运营会产出更多有趣的案例。我认为在设施出租过程中，政府和民间的关系也不会被以往的想法所束缚，从今往后也会逐渐产生新的方法。

民间的经营能力创造了产业和就业机会

在地区振兴事业中，就业机会问题是一个非常大的问题。日本政府和地方政府针对全球经济衰退和日元走势下滑，一直在打"紧急雇佣对策"这张牌。不过这也是一种依赖税金的一次性雇佣形式，预算耗尽就会立刻结束。原本的雇佣形式是通过经济活动产生的，地区内就业基本由赚取外部资金的产业及其相关产业和内需型（地区内消费形式）产业这三种构成。

当然，引领这些产业的自然就是民间力量了。

获取外部资金无非是以当地产出商品、当地提供服务、当地提供人力的其中一种方式。当地如果有山就可以开展加工木材成商品出售给外部的业务，也可以在其他地区开餐饮店，更可以把当地成功的方法和经验分享给其他地区。

赚取外部资金中重要的就是销售。无论是要把本地的特产出售到其他地区，还是要把跨时代的技术和想法等带到地方上，销售做不好的话，再好的宝物也会被白白浪费。

"卖得出去的地方"是先到消费地开展业务活动、开拓贩卖渠道后才着手生产的。这就是对建筑再生事业和官民协作开发设施等都适用的铁则⑤"前置营业"。

从高知机场或松山机场出发都要2个小时以上才能到达的高知县四万十町，这里有个名为"四万十DRAMA株式会社"的商社形式的社区营造公司，主营当地产品的开发。该社把当地产的栗子制品和茶叶制品等拿到消费地区推广，并把批发商和消费者的反馈活用于产品开发，取得了成果。

以栗子制品为例，最初是和中国产栗子混合作为法式栗子蛋糕原材料出售的，为了响应"'四万十'名字既然已经为人所知了，不如试试只用当地的栗子作为产品出售"的呼声，推出了"四万十地栗"品牌，并用此生产涩皮煮栗子和蛋糕等，增加了业绩。

不要在生产之后再营销，要在营销之后再生产。坚持这个铁则的四万十DRAMA如今已经成长为承担起为四万十町赚取外部资金并提供本地就业机会的强大企业了，甚至还提升了生产这些产品必要的栗子等原料的生产者协会的业绩，并持续产生高额分红。该公司经营的餐厅和咖啡馆也有很多人造访，扩大了当地的消费，形成了良性循环。

民间组织如果能够直面市场，创建出赚取外部资金的产业、相关产业和内需型产业，并且扎实经营赚到利润的话，那么不管多沉寂的街区都能创造出就业机会，并且连带着催生各种可能性，上述就是一个好例子。

由实践者自己来传播智慧

到这里我们已经看到了一些自立起来的民间组织让街区变得更为富足，通过和政府合作甚至改变了"公共"的存在方式的实例。无论是大城市还是乡村，无论街区的规模大小，这些还只是在日本全国各地正在兴起的新运动的一部分。

本书一直在持续强调要实现能够创收的街区就要创立能够产生利润的事业。不过最后笔者想要加上一句，民间不能拘泥于在事业方向上努力。

对于地方创生这个领域，一线的实践者位于知识的最前沿，大学的研究者一般是在日本全国范围内对案例做田野调查来研究，政策智库也只能通过对实践者的采访来获取信息。

于是研究机构往往就只能知道一些间接的、稍微过时的信息。在这样的状况下，大学的研究者和智库等都很难对当下需要的政策制度做出思考和提议。

所以说从今往后在一线努力的实践者们自己向政府和学术机关建言献策就至关重要了。甚至可以说不仅要建言，还需要在一线进行实证。前文所述的放宽道路使用管制相关的示范试验就是其中一例，由民间来实践验证，思考问题，解决对策，再将其作为政策提议，最终使得管制得以放宽。在地区振兴的各个领域，最前线的实践者们运用这样的方法成为行动者的时代已经到来了。

以后实践者更需要俯瞰整个社会，而不是个别领域或个别事业，并采取必要的改变制度的行动，不能只依靠学者和智库。

不只是制度和政策，对于自己通过实践构建出的诀窍，民间也需要自行归纳成报告传播出去，开办课程向其他地区传播智慧，不能像以往一样等着政府出版"成功案例集"来介绍自己。

在北九州市开展的"建筑再生学院"就是一个例子。这里正在以同市的小仓地区为中心，如推进改造大楼、设立新的城市型产业业务等，在这个地区工作的人数超过了300人，3年来取得了很大的成果。以参加这个实践项目的成员为中心，还征集了其他地区的参加者，开展为期5天4夜的集训活动。这个"建筑再生学院"并不是以课堂教学，而是以实际参与到北九州的改造事业中的形式来推进，让学员可以通过亲身体验来理解方法。

我任职的公民连携事业机构也以 OGAL 项目和熊本城东

管理项目等为题材，开设了新手训练营，这也是为了培养想在地方创办街区公司的学员能制订事业计划并将其商业化而开设的学院之一。包括前文提到的建筑再生学院在内，许多街区公司和事业团体都是从这里诞生的。像这样实际业务和课程结合的复合型活动成为了实践者分享自己智慧的方式正在扩大开展。

此外从2014年开始，作为分享智慧的方式之一，AIA也引入了在线学习方式，从而让日本全国的人都能通过网络听到在一线推进事业发展的人的经验分享。此外还能参加到建筑再生学院和新手训练营等实际开展中的项目。今后在日本全国各地实践先进方法的人们都能以在线或者实地的方式源源不断地分享自己的诀窍。

民间力量自己实践并形成体系，提交政策建言，在努力中做出实证，再把整个过程传播给其他地区——在这个需要从不断试错中迎接新挑战的业界里，由最前线的人们向后来者扎实、迅速地传播自己的智慧是极其重要的。

而政府在这个不断缩小的社会里也被要求扮演一个全新的角色，也就是尽可能把"民"能够做到的事情交给"民"，为此也要为"民"提供便利、改变制度等，提供一个更便于互相合作的环境。

以后的时代将需要"民间具有高度公共意识""政府具有高度经营意识"。当每一个人都具有这样的意识时，任何问题都可以迎刃而解，各个地方也必将诞生出色的团队。

附　录

改变街区的 10 项决心

下面是给以后想要共同创业的人整理出来的要点,以助读者转变思维,下定"决心"。请和本书介绍的"10 项铁则"一起运用。

1　不依赖政府

社区营造是有公共性质的事业,但是公共事业不只是政府的工作。至今为止交由政府处理尚能维持平衡,但是我认为将来政府不可能在所有的地区都保持一致。居民们自发行动起来,主动参与改善的街区,居住起来也更舒适,并且也会更加繁荣。反之若和以前一样把地区全交由政府处理则一定会衰退下去。地方不再是光只是说说的"应该论",而是从现实的角度亲力亲为。

2　自己出力或者出资

为了改变街区,不应该委托别人然后要求"做这做那",

必须自己行动起来去改变。如果委托了别人，那么理所当然要承担费用。在海外如今已经习以为常了，日本在江户时代之前，住在城镇上的人们的基本职责也是要么出力要么出钱了。

3　作为"事业"而非"活动"推动

如今社区营造已经不能当作是做"活动"了，作为一项"事业"的社区营造更为有效。有活动也无妨，但是只有活动是没法真正意义上改变街区的，为了举办活动而索要补贴就更是本末倒置了。这样不但没有为街区创造出新的活力，反而增加了公共支出，并且没法自立，不能长久。所以说商业可行性非常重要。

4　逻辑性思考

事业需要通过自己深入思考出来的"逻辑"来实现，而非凭空想象。身处"薄暮阴云笼罩"之中就算行动起来也未必能有好的成果。没有理论支持，一个劲去做也容易迎来失败。理想是必要的，但是只有理想是不能成事的。反之，没有理想的理论也无法引起共鸣。

5　承担风险的决心

有人因为想要涉足社区营造而去参加各种各样的视察学

习和座谈会，但仅仅这样是毫无意义的。如果缺乏自己思考的能力和承担风险的决心就无法直面来自第一线的困难。

6 从"集体病"脱身

一定要从"集体病"中脱身。"不由集体做决定，不由集体行事。"如果要集体行事，那么什么事情就都变成了别人的，意见无法统一，时间也会浪费。所以做事业不要依赖集体，而是从自己开始。

7 "乐趣"和利润的两全

事业能够持续做下去的条件就是有乐趣和能创收。如果只是快乐却要一直亏损，那也是坚持不长久的。反之，虽然能创收但是痛苦至极，也并非人们愿意长期承受的。

8 "引入，循环，收紧"

如果要创造街区的活力，就需要把握"引入，循环，收紧"的诀窍。这指的是从地区外引入人力和财力，在地区内形成交易循环，并限制流出地区的人力和财力等。如果能完全掌握这样的循环并能达到更大规模，那么地方创生也就一定可以实现了。这三者缺一不可。

9　通过再投资的方式使整个街区获利

把社区营造作为一项事业来做,就不该把赚到的资金都留在手里,而是作为再投资在当地循环。事业是解决问题的方法,不是赚钱的手段。也就是说,如果只有社区营造事业团体富足起来,那就没什么意义了。

10　放眼 10 年之后

不要只盯着今年、明年,而是要放眼 10 年之后。一个多数人只能看到一年以后情景的街区,和一个较多人能看透 10 年之后街区的趋势并做出判断、行动起来的街区,哪一个在 10 年后会更加繁荣呢?这个答案只能留给我们自己来选择了。

后　记

不知道有多少读者在读完这本书之后会想在自己的地区开展自己的项目呢？我希望尽可能多的人可以在自己的地区或者商店、公司等的工作中运用到书中所述内容，我将不胜荣幸。

无论是什么事情，想要做的人会立刻行动起来。

认真思考"开创一番事业"的时候，人就会在冲动的作用下行动起来。如果在纠结"虽然想要开始，但是风险怎么办呢"的话，那么多半是并非真正想投入的。

在我的身边，有在日本全国各地共同创业的合作伙伴们，他们都是一旦获得有启发的信息就会立刻想要自己亲手去实现的人。他们对于任何事情都有不俗的瞬间爆发力。灵光闪现的那刻就是吉时，立刻就会行动起来。不过大部分时候行动结果都是没法达到预期的（笑），但他们不容忽视的能力就是会不断调整方向，最终就能打下走向成功的扎实基础。

项目不该唯价格论。先要从谁都没有做过的事情开始，这是成为这个领域一把手的诀窍。成为一把手的话，各种各样的人就会聚集在周围，和他们互动并收集信息，资金也就不用愁了。最终自己能做事情的范围也会越来越扩大。在地方衰退的潮流中，缺少资金和人手的环境下，我认为最后能够活下来的就是少数有干劲的、能比谁都更快启动项目并不断积累经验的有"速度"的人。

我也经常摸着石头过河，所以也经常面对失败，但终究还是会再站起来。我在日本全国的商店街作为学徒游学时，一些从战争中回来做生意的人曾对我说过"小辈们经常遇到什么事情就马上把风险挂在嘴边，但我们那个时候根本没有把死之外的事看成过风险"这样的话。我认为正是因为经历过苦痛，才能认真思考，做出判断并前行。通过网上学习柔道课程就算拿到了黑带。对于实战也没有任何用途。书本、论文及网上的信息虽然可以作为参考，但是知道的、要做的、能做到的事情是各不相同的。

如果什么事情都采取保守的态度，在做之前就光想着"到底能不能成功啊"的话，最终只会成为衰退的原因。没有什么事情一定会成功，世界上也不存在零风险的事情，那自然是先行者胜出了。

今后在很多地方，人口规模、经济规模和财政规模都会紧缩到现在的一半以下，因而如果不能改变以往的行事方式，那么地方政府就只能一个个面临困难了。

问题不在于人口减少，而是明知道人口会减少却不采取任何措施。如果什么事情都保守地采用"和以往相同的方式"，畏惧变化，并且不愿意发起新的挑战，那么原本应该能够维持的东西甚至都会维持不下去。

但是一定会有能够适应新时代的新的社会形式。正如本书介绍的那样，适用于紧缩时代的各种方法和案例层出不穷。那么是否能舍弃固定概念，自发积累各种自立的举措呢？是否能和全国的伙伴一起分享，并推动它进化呢？官民协作共同努力开创地方适合新时代发展模式的时候已经到来了。

请务必在地方上发起尚无详细计划的突发奇想的小型事业，并且努力使其能够自力更生并持续下去。如果能够做到，您的事业就会成为一种新的模式，届时请一定和全国的伙伴们分享。

不要想着"能行吗，做得好吗"，而要想着"做还是不做"。

最后，本书是根据本人与日本全国各地从事共同事业的伙伴们一起从项目中获得的真知灼见编写而成的。我想借此机会感谢那些愿意敞开心胸接纳素不相识的我，一同投资推动地方事业发展的人们。我也要对我的家人致以诚挚的谢意，感谢他们在我无法常回家时给予的理解和支持。

2015 年 4 月